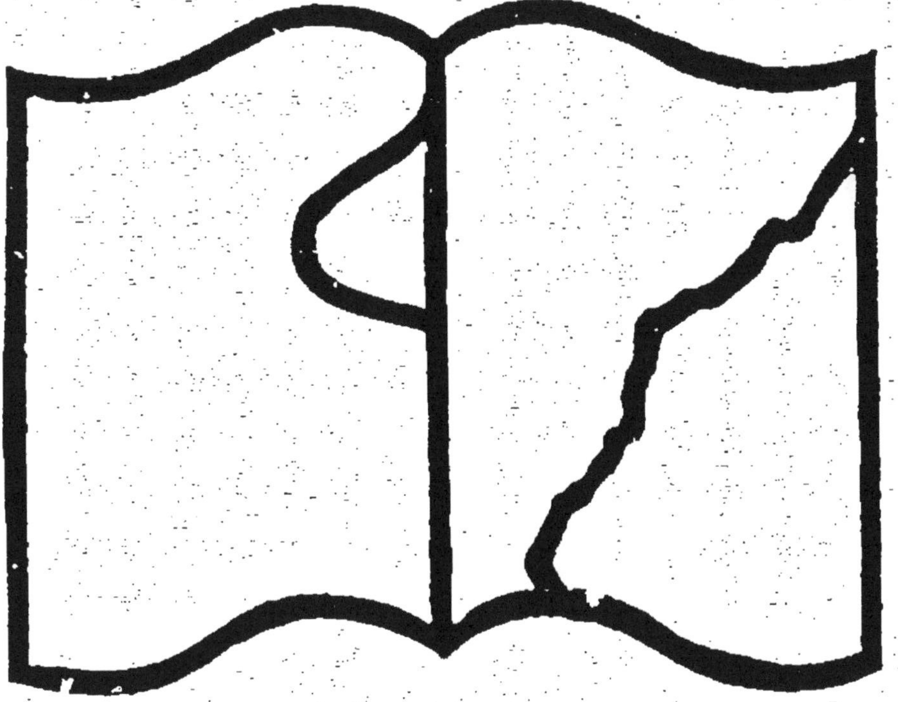

Texte détérioré — reliure défectueuse

NF Z 43-120-11

VICTOR C. DU MOYSSAN

CODE RESUMÉ

DES

DEVOIRS SOCIAUX

> Ne faites pas à autrui ce que vous ne voudriez pas qu'il vous fût fait.

PARIS

LIBRAIRIE
AUGUSTE GHIO
ÉDITEUR
Palais-Royal, 1, 3, 5,
7, 11, Galerie d'Orléans

LIBRAIRIE
DES
SCIENCES
PSYCHOLOGIQUES
5, rue des Petits-Champs

1884

CODE RÉSUMÉ

DE

MORALE

Paris. typ. de M. Décembre, 326, rue de Vaugirard

VICTOR C. DU MOYSSAN

CODE RESUMÉ

DES

DEVOIRS SOCIAUX

Ne faites pas à autrui ce que vous ne voudriez pas qu'il vous fût fait.

PARIS

LIBRAIRIE
AUGUSTE GHIO
ÉDITEUR
Palais-royal, 1, 3, 5,
7 et 11, Galerie d'Orléans

LIBRAIRIE
DES
SCIENCES
PSYCHOLOGIQUES
5, rue des Petits-Champs

1884

NOTE DE L'EDITEUR.

En nous chargeant d'éditer *le Code des devoirs sociaux*, nous croyons rendre un éminent service à la famille et à la société. Cet ouvrage dans ses limites étroites, est appelé à devenir le conseiller indispensable du foyer et de l'école. Les pères et les maîtres doivent forcément l'avoir entre les mains ; ils y trouveront de précieux conseils, qui les dirigeront dans leurs nobles et difficiles fonctions.

Nous n'essayerons pas d'en faire l'éloge. On pourra juger de sa valeur par l'appréciation qu'en a faite un littérateur distingué. Nous nous bornerons donc à reproduire la lettre suivante qu'il a adressée à l'auteur :

Bois-Colombes, 2 février 1884.

« Cher Monsieur,

« Vous me demandez de vous dire franchement mon avis sur le manuscrit de votre traité de morale, que vous m'avez communiqué, et dont j'ai soigneusement fait une lecture complète.

« Je n'ai qu'un mot à dire, pour bien exprimer mon opinion à cet égard : de tous les ouvrages de ce genre que je connais, il n'y en a pas qui m'ait satisfait davantage par la netteté des idées, la clarté de leur expression, la sobriété des commentaires, toujours justes et complets dans leurs concision, et la pureté et l'élévation des vues énoncées. Le style en est simple, correct et convenable. En un mot, comme fond et comme forme, il a pleinement conquis mon approbation.

« Le plan en est bien conçu et bien rempli. Il embrasse toutes les connaissances indispensables, en indiquant clairement les devoirs et les droits de l'individu, de la société et du gouvernement, les uns vis-à-vis des autres, en faisant ressortir, dans une autre partie, les avantages et les beautés de la vertu en opposition avec les graves inconvénients et les laideurs du vice, et enfin, en traitant, en dernier lieu, des fonctionnaires du Gouvernement en général, et des conditions que ceux qui en sont investis doivent réunir pour remplir dignement la mission qu'ils ont acceptée.

« Tout cela, je le répète, est bien pensé et bien dit, et je crois la publication de ce petit livre une chose très utile et éminemment désirable.

« Un de ses principaux mérites, à mon sens, est l'heureuse idée de publier à la fin de chaque chapitre un très heureux choix de courtes maximes tirées des ouvrages des philosophes et des penseurs les plus éminents de tous les pays et de tous les temps. Ces phrases courtes, éloquent résumé d'une leçon, se gravent facilement dans la mémoire, et peuvent constamment servir de guide dans les circonstances de la vie.

« Agréez, cher Monsieur, l'expression de mes meilleurs sentiments. »

Ed. Fortis.

INTRODUCTION.

> Ne faites pas à autrui ce que vous ne voudriez pas qu'il vous fût fait.

Il ne pouvait entrer dans notre pensée d'écrire une préface pour cet opuscule; mais nous avons considéré nécessaire de donner quelques explications préliminaires sur le but que nous désirons atteindre, et sur le mode que nous avons cru devoir employer pour y parvenir.

En prenant pour devise l'admirable maxime que nous avons inscrite en tête de cet exposé, maxime qui seule, résume les règles de la morale universelle, nous avons voulu indiquer que les plus saines et les plus pures doctrines seront nos seuls guides.

En donnant pour titre à notre œuvre le nom de Code des devoirs, et en employant, pour sa rédaction, la simple formule interrogative et explicative, nous avons voulu rendre plus claires et plus précises ces règles de morale que tout le monde

INTRODUCTION.

> Ne faites pas à autrui ce que vous ne voudriez pas qu'il vous fût fait.

Il ne pouvait entrer dans notre pensée d'écrire une préface pour cet opuscule; mais nous avons considéré nécessaire de donner quelques explications préliminaires sur le but que nous désirons atteindre, et sur le mode que nous avons cru devoir employer pour y parvenir.

En prenant pour devise l'admirable maxime que nous avons inscrite en tête de cet exposé, maxime qui seule, résume les règles de la morale universelle, nous avons voulu indiquer que les plus saines et les plus pures doctrines seront nos seuls guides.

En donnant pour titre à notre œuvre le nom de Code des devoirs, et en employant, pour sa rédaction, la simple formule interrogative et explicative, nous avons voulu rendre plus claires et plus précises ces règles de morale que tout le monde doit connaître, et surtout pratiquer dans toutes les relations sociales.

Nous avons groupé par chapitres les préceptes spécialement applicables à chacune des classes et des situations diverses qui existent dans la société, de façon que, au moyen du répertoire, la recherche du conseil désiré puisse être aussi rapide que facile.

Nous nous sommes exclusivement attaché à la morale humaine, laissant la partie religieuse à l'autorité compétente. Les ministres de la religion font des chrétiens : nous voulons faire des hommes de bien, de bons citoyens ; c'est tendre au même but, par deux chemins différents. La religion et la morale, étant deux sœurs inséparables, la jeunesse doit avoir, en même temps, sous les yeux, les principes de l'une et de l'autre.

Quoique nous nous soyons interdit tout empiétement dans le champ de la religion, comme l'existence de Dieu et l'immortalité de l'âme sont la base de toute morale, nous devons déclarer ici que notre enseignement reposera sur le dogme de la responsabilité humaine, le seul qui nous paraisse conforme à la justice et à l'équité, aussi bien qu'à l'idée que nous devons nous faire de la divinité et de l'existence future.

En effet, si les conséquences de nos actes doivent se limiter à la vie terrestre ; s'il ne s'agit que de mériter l'approbation et d'éviter le blâme de nos semblables, à quoi bon nous priver des jouissances de la vie, contrarier nos instincts ? Ce n'est vraiment pas la peine de nous soumettre aux exigences d'une société qui ne vaut pas mieux que nous, pour ne retirer des privations et des sacrifices d'une vie entière qu'une vaine satisfaction de quelques jours.

Si Dieu n'est qu'un mythe, si l'immortalité de l'âme n'est qu'une utopie, qu'avons-nous besoin de morale et de religion? Soyons assez adroits pour cacher nos vices, assez hypocrites pour simuler la vertu ; cela suffit ; les hommes sont bien obligés de se contenter des apparences : la vertu n'a plus de raison d'être ; c'est un meuble inutile.

Pour justifier notre conviction, nous nous contenterons de faire suivre cette introduction de quelques maximes choisies et de quelques pensées de divers auteurs à ce sujet. Nous citerons des noms qui ne peuvent être suspects de partialité en cette matière, et dont l'autorité est universellement reconnue. Ces citations, tout en servant d'appui à notre ouvrage, pourront en favoriser l'étude et multiplier les résultats.

Nous avons aussi recueilli une abondante provision de pensées et de maximes pour le corps de l'ouvrage. Nous les avons classées par ordre, et mises à la fin de chaque chapitre.

Nous les avons peut-être trop multipliées; mais nous sommes convaincu que ce ne sera pas sans quelque utilité, car, les préceptes de morale disséminés, sont comme les bons grains : quelque part qu'ils tombent, il y en a toujours quelques uns qui germent. Du reste, les belles pensées porlent toujours leur fruit : elles exercent la mémoire, ornent l'esprit et nourrissent le cœur. Ces maximes servent de corollaire à la morale de chaque chapitre et justifient en même temps la pureté des principes qui y sont développés.

Nous le répétons, notre ouvrage ne consiste pas en une série d'historiettes amusantes et instructives : le titre de Code que nous avons choisi indique clairement sa spécialité. C'est un guide fidèle, un ami sincère et dévoué que tous peuvent consulter avec fruit.

Etant obligé de restreindre nos idées au cadre d'un ouvrage élémentaire, nous avons dû nous contenter d'effleurer un sujet dont le développement exigerait des volumes. Nous n'avons fait que planter des jalons, tracer une méthode : les pères et les mères, les instituteurs et les institutrices pourront suppléer à ce qui manque. Des principes arides, que nous ne faisons qu'indiquer, ils pourront tirer des leçons attrayantes, et par les explications et les exemples adaptés aux principes, rendre cette étude aussi agréable qu'utile.

Nous comptons sur le concours des parents et des maîtres, car, quoique nous nous adressions à tous les âges, la forme que nous avons adoptée prouve que nous le dédions principalement à la jeunesse.

Nous venons donc lui offrir ce faible résultat de notre travail qui, malgré son imperfection, pourra produire quelque bien. Membre de la société, nous avons voulu apporter notre contingent et contribuer, selon la mesure de nos forces, à son bien-être. Nous espérons qu'elle nous tiendra compte de notre intention et de notre bonne volonté.

A Dieu ne plaise, du reste, que nous ayons la prétention de nous faire un mérite de notre travail. Ce n'est ni un ouvrage d'esprit, ni une œuvre de raisonnement; c'est tout simplement un recueil de préceptes, de conseils. Nous les avons réunis; voilà tout. Nous n'avons rien inventé nous avons redit ce qui a été dit mille fois; mais sous une forme différente. Nous n'avons eu qu'à chercher, qu'à copier ou traduire, chacun en eût fait autant.

Nous proposant de composer une pharmacopée morale, nous avons été obligé de recourir aux auteurs qui ont traité ce sujet et d'en extraire les matériaux nécessaires. Comme l'abeille, nous avons butiné et recueilli les pensées, les expressions, les passages même que nous avons cru pouvoir produire quelque bien. La compilation doit être pardonnée, lorsqu'elle est une utile exhumation. Du reste le pseudonyme nous met à l'abri de tout reproche de vanité.

Nous n'avons pas cherché à faire des phrases, les fleurs de rhétorique seraient déplacées dans un code, nous attachons plus d'importance au fond, qu'à la forme. Nous ne devons pas perdre de vue que nous nous adressons à tout le monde; il faut donc que tout le monde nous comprenne. Si nous parlions à des académiciens, nous devrions employer un autre langage ; mais pour les habitants des campagnes, il faut la simplicité et la clarté. (1)

On trouvera sans doute, dans notre ouvrage des longueurs et des redites sans nombre ; mais nous les avons cru nécessaires, pour la complète intelligence des préceptes par le grand nombre de nos lecteurs. D'ailleurs, il y a des redites pour l'oreille et pour l'esprit, il n'y en a pas pour le cœur ; nous écrivons pour ce dernier.

— Un brin d'herbe est une preuve sensible de l'existence de Dieu. J.-J. ROUSSEAU.

— L'être intelligent est divin ; dès lors il est immortel. CICÉRON.

— L'insatiabilité de notre âme prouve ses droits au ciel : la terre suffit aux animaux.

— L'anatomie nous convainc de l'immortalité de l'âme : en disséquant le corps, il est impossible de croire que ce soit là tout l'homme.

— Il y a combat entre les sens et la volonté : donc ils sont deux, le corps et l'âme. DE BONALD.

---

(1) Si nous avons employé quelque terme, usé de quelque ornement, qui puissent sentir l'apprêt, si nous avons donné à quelques passages une légère teinte de poésie, notre intention a été uniquement de faire un peu diversion à l'aridité de la matière que nous traitons, et pour délasser l'esprit de la jeunesse, qui aime bien rencontrer de temps en temps, quelques fleurs sur son passage.

— La religion est l'aromate qui empêche la science de se corrompre. BACON.

— Les grands coupables cherchent un asile contre les remords et la peur, dans les bras de l'incrédulité.

— Les esprits faibles nient ce dont ils ne peuvent approcher par la pensée, Dieu, l'immortalité : ils se croient des esprits forts.

— Les incrédules ne connaissent pas clairement l'existence d'une divinité ; mais aussi ne connaissent-ils pas clairement qu'elle n'existe pas.

— Un matérialiste n'eût osé dire à Raphaël : vos tableaux ne sont qu'une couche d'huile et de terres colorées, combinées au hasard : il le dit à Dieu.

— Je ne puis concevoir comment tous ces habiles mathématiciens nient un mathématicien éternel. VOLTAIRE.

— Croire à la Providence est la récompense de la vertu : le crime ne sait qu'en avoir peur. D'ARTAISE.

— En admirant l'intelligence qui préside au mouvement des astres, il faut être aveugle pour ne pas être ebloui de ce spectacle : il faut être stupide pour n'en pas connaître l'auteur ; il faut être fou pour ne pas l'adorer. VOLTAIRE.

— Quiconque croit que tout meurt avec nous, doit regarder les animaux et les sots comme plus heureux que les hommes et les gens d'esprit. GUICHARDIN.

— J'ai toujours regardé les athées comme des sophistes impudents. VOLTAIRE.

— L'impossibilité où je suis de prouver que Dieu n'est pas, me démontre son existence. PASCAL.

— L'athéisme appauvrit l'humanité, et lui ôte le plus grand des biens : Dieu, l'âme, l'immortalité.

PREMIÈRE PARTIE

CHAPITRE PREMIER

De la morale

— *D. Qu'est-ce que la morale?*

R. C'est l'ensemble des préceptes qui doivent servir de guide à l'homme dans toutes les circonstances de la vie, qui lui font connaître ses devoirs envers la divinité, envers la société et envers lui-même.

— *D. D'où émanent ces préceptes?*

R. De la loi naturelle : ou mieux, la morale n'est que l'expression de la loi naturelle, principe de la civilisation.

— *D. Qu'enseigne cette loi?*

R. Le respect de soi-même et de la propriété d'autrui, quelle qu'en soit la forme, et l'obligation de faire le bien.

— *D. Qu'entendez-vous par le respect de soi-même?*

R. Qu'on ne doit jamais commettre une action de laquelle on puisse avoir à rougir, ou faire rougir les autres.

— *D. Que signifie le respect de la propriété d'autrui?*

R. Qu'il ne faut jamais tenter de s'approprier ce qui ne peut ni ne doit nous appartenir légitimement.

— *D. Qu'est-ce que faire le bien?*

R. C'est aimer son semblable, le protéger et le secourir selon nos forces et nos moyens.

— *D. Peut-on déterminer l'époque où l'on a eu connaissance de cette loi?*

R. Etant innée dans le cœur de l'homme, on peut dire qu'elle date de l'époque de la création. Les races primitives en connurent les premiers préceptes. L'intelligence et l'application de ces préceptes suivirent la marche progressive de la civilisation, et c'est à l'époque de son plein développement que furent formulées les maximes qui comprennent et résument toute la morale, dans son acception la plus sublime.

— *D. Quelles sont ces maximes?*

R. « Ne faites pas à autrui ce que vous ne voudriez pas qu'on vous fît.

« Aimez votre prochain comme vous-même. »

— *D. Y-a-t-il plusieurs sortes de morale?*

R. La morale est une, indivisible et invariable ; quelques sages ont cependant divisé cette loi suprême en deux parties, qu'ils ont nommées morale divine et morale humaine.

— *D. Qu'entendaient-ils par morale divine ?*

R. La morale divine définit les devoirs de la créature envers le créateur.

— *D. Qu'entend-on par morale humaine ?*

R. Celle qui traite des devoirs des hommes envers leurs semblables, c'est-à-dire de l'application des maximes que nous venons de citer.

— Les maximes morales sont comme des signaux qui indiquent la carrière de la vie, et montrent les écueils.

— Le respect de l'homme pour l'homme est le fondement de la morale. GODWIN.

— Les meilleures institutions deviennent vicieuses, quand la morale cesse d'en être la base. BONAPARTE.

— Une collection de maximes doit être une pharmacie morale où l'on trouve des remèdes pour tous les maux.

— Un peuple est perdu lorsque le code de sa morale est renfermé dans le code de ses lois.

CHAPITRE II

De l'Homme.

— D. *La nécessité de suivre la ligne de conduite indiquée par la morale ne s'impose-t-elle pas naturellement à l'homme, s'il veut vivre en paix avec lui-même et surtout avec ses semblables ?*

R. Oui, c'est une vérité et une nécessité incontestables.

— D. *Pourquoi ?*

R. Pour trois raisons péremptoires : 1° Parce que tous les hommes subissent les mêmes exigences matérielles de la vie ; 2° Que tous sont sous l'influence des mêmes passions, bonnes ou mauvaises ; 3° Que tous sont portés à donner satisfaction à ces exigences vitales, et à ces passions, que, par conséquent, ils seraient continuellement en lutte entre eux, si la morale ne leur prohibait de troubler leurs semblables dans la jouissance de leurs droits, dans la satisfaction de leurs besoins, et dans la légitime réalisation de leurs désirs, et si elle ne leur enseignait que ce n'est que par le travail manuel ou intellectuel, qu'ils peuvent acquérir légitimement les moyens de satisfaire à leurs aspirations de bien-être, et de vivre ainsi en paix avec les autres et avec leur conscience.

— *D. Que voulez-vous dire par vivre en paix avec sa conscience?*

R. Que la conscience, sentiment inné dans l'homme, ne lui permet pas de s'abuser sur la nature de ses actes, soit bons, soit mauvais ; dans le premier cas, l'approbation de sa conscience est pour lui une satisfaction qui remplit son âme d'une douce quiétude, d'une paix profonde, que ne peuvent procurer ni les jouissances matérielles, ni les plaisirs de ce monde. Dans le second, les reproches qu'elle lui adresse sont pour lui une source de tourments incessants.

— *D. Que résulte-t-il pour l'homme de l'appréciation de ses actes avant de les exécuter?*

R. Il en résulte pour lui une responsabilité complète, parce que, doué de cette faculté d'appréciation, et possédant, par cela même, le libre arbitre d'agir comme il l'entend, il doit espérer une récompense pour le bien qu'il fait, ou assumer sur lui la responsabilité du mal qu'il commet.

— *D. Connaît-on les limites de cette responsabilité?*

R. Le mal, comme le bien, étant purement moral, ne peut subir le sort de la matière, et cesser d'exister sous la même forme; son effet doit nécessairement s'étendre au delà de la vie terrestre.

— *D. Sur quelle doctrine appuyez-vous cette croyance?*

R. Sur le dogme de l'immortalité de l'âme.

— *D. Qu'entendez-vous par immortalité de l'âme?*

R. Que l'homme, créature la plus parfaite des êtres animés qui peuplent cette terre, qui domine sur tout et partout, ne doit ni ne peut disparaître complètement, sans avoir à répondre, devant le créateur, du bien ou du mal qu'il a fait pendant le cours de sa vie terrestre.

— *D. Sur quelles preuves sensibles basez-vous la vérité de ce dogme?*

R. 1° Sur le sentiment de justice, qui exige une conpensation équitable de l'inégalité, le plus souvent non justifiée, des conditions dans cette vie, où l'on voit trop fréquemment le méchant prospérer et le bon souffrir une infortune imméritée.

2° Sur la croyance générale des peuples anciens et modernes, qui ont admis dans leurs religions le dogme de l'immortalité de l'âme, des récompenses et des punitions futures.

3° Sur la conviction instinctive que nous avons de notre immortalité, malgré la certitude de la mort corporelle. Si cette conviction, qui ne peut être erronée, ne s'applique pas à l'existence du corps, c'est qu'elle porte sur l'existence de l'âme.

— *D. Qu'est-ce que vous entendez par religion?*

R. La religion est le culte que la créature rend au Créateur.

— *D. Quels sont les devoirs et obligations que la morale impose à l'homme?*

R. Ces devoirs et obligations sont de deux sortes : l'une concernant l'homme dans sa vie privée, l'autre relative à l'homme vivant en société.

— *D. Qu'entendez-vous par les devoirs et obligations de l'homme dans la vie privée?*

R. Que l'homme ne doit jamais commettre, nous le répétons, un acte qui puisse l'avilir à ses propres yeux, lui nuire, ou dont il puisse se repentir.

— *D. Quels sont les devoirs et obligations de l'homme vivant en société?*

R. Il doit aimer, protéger, secourir ses semblables, contribuer à leur bien-être dans la plus large mesure de ses moyens, et ne jamais troubler l'ordre et l'harmonie qui font le bonheur de la société.

— L'homme vertueux et persécuté doit se dire : je souffre pour le bien, donc je suis immortel, il existe un éternel rémunérateur.

— L'instinct, raison de l'animal, ne le trompe jamais : la

raison, instinct de l'homme, pourrait-elle le tromper? DE BONALD.

— La voix de la conscience est si claire, qu'on ne peut la méconnaître; elle est si délicate, qu'il est facile de l'étouffer.

— Dieu force les méchants à porter dans leur cœur l'instrument de leur supplice. HÉSIODE.

CHAPITRE III.

De la famille.

— *D. Quelle est l'origine de la famille?*

R. L'homme, en sortant des mains du créateur, ne pouvait vivre dans un état de complet isolement: une compagne, la femme, lui fut donnée, pour embellir son existence, partager ses travaux, calmer ses douleurs et perpétuer sa race. Telle est l'origine du mariage.

— *D. Qu'est-ce qui constitue le mariage?*

R. D'après la loi naturelle, le mariage résulte de la volonté libre et spontanée de l'homme et de la femme, basée sur des sentiments de sympathie, sur la conformité des caractères, et souvent, sur d'autres qualités physiques ou morales. La loi n'intervient que pour enregistrer, sanctionner, et rendre indissoluble cette union, et la religion, pour la bénir.

— *D. Quels sont les effets du mariage?*

R. Le mariage est la base de la société, l'acte qui constitue la famille, fixe les droits et les devoirs respectifs des époux, et assure la position des enfants.

— *D. L'union pure et simple de l'homme et de la femme ne constitue-t-elle pas le mariage?*

R. Non ; pour que l'union soit légitime, elle doit être solennellement consacrée par des formalités prescrites par la société.

— *D. Pourquoi dites-vous que le mariage assure la position des enfants ?*

R. Parce que les enfants issus d'une union, qui n'a pas été consacrée par la loi, ne peuvent hériter ni du nom, ni des biens de leur père et mère, et qu'ils se trouvent dépouillés, par la loi humaine, d'un droit que leur donne la loi naturelle.

— *D. Avec l'union libre, les époux ne pourraient-ils pas aussi bien respecter et accomplir tous les devoirs qu'impose le mariage légal ?*

R. Il n'y a aucun doute que, si l'humanité était parfaite, si la morale et la vertu régnaient sur la terre, il y aurait bien des institutions inutiles ; on n'aurait besoin ni de gendarmes, ni de tribunaux, ni de prisons ; on pourrait se passer de toute espèce de loi coercitive ou répressive, car le règne du bien serait établi et le mal inconnu. L'union libre serait alors aussi valable, aussi sacrée, que le mariage sanctionné par la loi ; mais, en attendant que nous soyons arrivés à ce degré de perfection, on est bien obligé d'établir des règles qui fixent les devoirs et les obligations de l'homme dans toutes les situations de la vie, et desquelles il ne puisse s'écarter, sans encourir une peine déterminée par la loi.

— *D. Quels sont les inconvénients que présente l'union libre dans l'état actuel de la société?*

R. L'incertitude qui résulterait de l'instabilité d'un pareil contrat, car, quelle que soit la bonne foi et la pureté d'intention des parties contractantes, au moment de leur union, comme la versatilité et l'inconstance sont l'apanage du cœur humain, mille circonstances peuvent modifier leurs idées, altérer leur affection, et rompre une union qui ne serait cimentée que par la volonté momentanée de l'homme et de la femme.

— *D. Quelles sont, en général, les causes qui peuvent rompre ces unions?*

R. Elles sont innombrables : quelque fois, le motif le plus futile conduit à ce résultat; mais les plus ordinaires proviennent des questions d'intérêt, de l'incompatibilité des caractères ou de sentiments de jalousie, motivés par l'infidélité réelle ou apparente de l'homme ou de la femme.

— *D. Quel mal peut-il résulter de cette séparation?*

R. Peut-être le malheur des deux, mais, particulièrement de la femme qui, ayant transgressé les règles établies par la société, s'étant, par conséquent, déshonorée à ses yeux, se trouve dans l'impossibilité de se réhabiliter devant les hommes, et se voit souvent réduite à la misère, par la difficulté qu'elle rencontre de se créer un nouveau moyen d'existence.

— *D. Quel est le sort des enfants après cette séparation?*

R. Pour eux, les conséquences sont funestes, surtout, s'ils sont en bas âge. Ils se voient privés de l'appui de leur père ou de la tendre sollicitude de leur mère, des sages conseils et des bons exemples, qu'on ne trouve qu'au sein de la famille. L'amour filial, ce pur sentiment que la nature fait naître dans le cœur de l'enfant, est étouffé dans son germe, et remplacé par la froide indifférence. Ils entrent dans le monde sans appui, sans guides et, victimes innocentes de leur position exceptionnelle, ils doivent en subir les tristes conséquences, sans pouvoir espérer ni pitié ni protection des préjugés absurdes et funestes de la société.

— *D. Y a-t-il des règles à suivre pour trouver le bonheur en ménage?*

R. Tous les moralistes ont leur recette, nous exposerons nous-même la nôtre, dans le chapitre qui concerne les époux, mais nous sommes persuadé qu'il n'y en a aucune d'infaillible. Ceux qui s'aiment n'ont pas besoin de conseils : pour ceux qui ne s'aiment pas.... Nous ne pouvons que les plaindre.

— Une famille vertueuse est un vaisseau tenu pendant la tempête par deux ancres, la religion et les mœurs. MONTESQUIEU.

— Le mariage est la source de la société, prenons garde d'en troubler l'eau.

— Les mariages étant, de toutes les actions humaines, celle qui intéresse le plus la société, il a bien fallu qu'ils fussent réglés par les lois civiles. MONTESQUIEU.

— Comme un des grands objets du mariage est d'ôter toutes les incertitudes de conjonctions illégitimes, la religion y imprime son caractère, et les lois civiles y joignent le leur, afin qu'il ait toute l'authenticité possible.

MONTESQUIEU.

CHAPITRE IV.

De la nation.

— *D. Qu'est-ce que la nation?*

R. La nation est l'agglomération de familles de la même consanguinité, parlant le même langage, se soumettant aux mêmes lois et ayant à peu près les mêmes mœurs et le même genre de vie. En un mot, une nation est une grande famille habitant la même contrée.

— *D. Faites-nous connaître l'origine des nations?*

R. Pendant les premiers siècles du monde, la terre n'était habitée que par quelques tribus errant dans les déserts; peu à peu, les rares rapports qui s'établirent entre ces hordes produisirent un principe d'intimité, cimentée uniquement par des services mutuels et par les échanges réciproques qu'elles faisaient de leurs produits, mais restant chacune libre et indépendante, suivant ses mœurs et ses coutumes.

— *D. Quel était le genre de vie de ces peuplades?*

R. Elles vivaient du produit de la chasse, du fruit des arbres ou du lait de leurs troupeaux;

car ces peuples n'étaient que chasseurs ou pasteurs.

— *D. Ces peuplades se fixaient-elles dans une contrée?*

R. Non : quand elles avaient consommé les fruits et épuisé les pâturages d'un endroit, elles se transportaient dans un autre.

— *D. Se construisaient-elles des habitations? Avaient-elles des vêtements?*

R. Elles vivaient sous des tentes faites d'écorces d'arbres et de peaux cirées, et se couvraient des peaux de leurs brebis.

— *D. Qu'est-ce qui détermina ces hordes à se fixer définitivement dans une contrée?*

R. La multiplication de ces familles fut telle, que les fruits que la terre produisait d'elle-même devinrent insuffisants. La nécessité donna l'idée d'aider la nature par le travail; et de là naquit l'agriculture. On laboura la terre, chaque famille en prit une portion sous sa protection lui donna ses soins, l'arrosa de sa sueur, en récolta les fruits, et en acquit ainsi la possession : voilà l'origine de la propriété.

— *D. Que résulta-t-il de là?*

R. Que ces familles, trouvant un nouveau bien-être dans l'abondance des fruits que la terre épanchait de son sein, se fixèrent définitivement dans cette contrée, abandonnèrent leur vie nomade, et jetèrent ainsi les bases de la nation.

— *D. Puisque toutes ces tribus descendaient de la même source, comment expliquez-vous la différence qui existe entre les nations de nos jours?*

R. L'influence des climats, la différence des aliments, la nature du travail et le temps ont apporté de grandes modifications dans le caractère, dans les mœurs, dans les coutumes, dans le langage, et même dans la constitution physique des individus : de là vient la diversité des races qui existent, de nos jours, sur le globe.

— *D. Dans quel but les familles qui constituent les nations de nos jours se sont-elles ainsi agglomérées?*

R. Dans le but de ne former qu'un tout, de se protéger par cette cohésion même, de se prêter mutuellement aide et assistance, et de présenter une forte résistance à toute attaque qui pourrait venir de l'extérieur.

Outre ce motif, la morale, cette loi de la nature, nous invite à nous grouper, pour contribuer, par nos forces réunies, au bien-être de tous, nous considérant comme les membres d'une même famille.

D. Que résulte-t-il de la nécessité de vivre ainsi en contact continuel avec une multitude de nos semblables, qui tous, cependant, sont animés de sentiments et même de passions différentes?

R. L'obligation absolue de respecter la propriété, les droits et les opinions d'autrui, quelle qu'en soit la nature, ou, dans le cas contraire, d'être considérés et traités comme ennemis de nos semblables. Cette doctrine, émanée de la morale, est appelée civilisation.

— *D. Qu'est-ce que la civilisation ?*

R. La civilisation est l'ensemble des opinions et des mœurs qui résultent de l'action réciproque des arts, des sciences, de la morale et de la religion.

— *D. Quels sont les avantages de la civilisation ?*

R. La civilisation dissipe les ténèbres de l'ignorance, adoucit les caractères, polit les mœurs, resserre les liens de la société et convertit l'humanité entière en une famille dont tous les membres sont intéressés à s'unir, à s'aimer, à se protéger, à se soutenir et à contribuer au bien-être de tous, duquel résulte le bien-être particulier.

— *D. Ne doit-on pas encore autre chose à la civilisation ?*

R. On lui doit cet esprit de sociabilité et de culture qui sert de base à la société actuelle.

D. *Qu'entend-on par société ?*

R. C'est l'ensemble des hommes unis par les rapports qui existent entre eux, dans toutes les circonstances de la vie.

D. *La société ou nation n'est-elle pas astreinte, comme l'homme, à certains devoirs ou obligations à l'égard du Créateur ?*

R. La nation, comme être collectif, est soumise aux mêmes devoirs que les individus dont elle est composée, mais avec cette différence que l'individu, qui ne remplit pas ses devoirs, ne compromet que ses propres intérêts, tandis que la nation ne peut violer les lois de la morale, sans léser les intérêts de la généralité.

D. *L'état moral de la nation peut donc avoir de l'influence sur le sort de ses membres?*

R. C'est demander si la nourriture que nous prenons, si l'atmosphère dans laquelle nous vivons, peut avoir de l'influence sur notre santé.

D. *Quelle est la base la plus solide de la prospérité d'une nation?*

R. La morale et la religion sont le plus fort rempart d'un État ; on peut dire que la nation qui ne repose pas sur ces deux bases, est un édifice construit sur le sable, qui doit infailliblement crouler. Voyez les Etats-Unis d'Amérique : cette nation, formée d'un ramassis de peuplades sauvages, s'est élevée, en moins d'un siècle, au rang des États de premier ordre. Elle doit ce degré de prospérité et de civilisation à sa foi sincère en Dieu, à sa parfaite adhésion aux institutions, et à son profond respect pour les lois.

— *D. Une nation, comme être collectif, peut-elle administrer sa fortune, défendre ses intérêts, et parer aux éventualités d'une agression extérieure?*

R. De même qu'une famille a besoin d'un père ou d'un tuteur, pour administrer ses biens ; une armée d'un général, pour diriger sa marche et la conduire au combat, ainsi la nation doit déléguer ses pouvoirs à un ou plusieurs de ses membres qui, sous le nom de Gouvernement, sont chargés de défendre ses intérêts.

— Une nation doit à une nation, ce qu'un homme doit à un homme.

— Dans quelque matière que ce soit, l'assentiment des nations est une loi de la nature. CICERON.

— La civilisation n'aura sa perfection entière, que lorsque les hommes pourront cesser de tuer des hommes, même au nom de la loi et de la justice.

— Il y a des esclaves qui combattent pour un homme : c'est pour la nation qu'il faut combattre.

CHAPITRE V.

Du Gouvernement.

— *D. Quelle est l'origine de l'institution appelée Gouvernement?*

R. Lorsque les nations n'étaient encore qu'à l'état de tribus, de peuplades, le soin de rendre la justice, de faire respecter l'ordre, la propriété et la morale, était dévolu aux vieillards, aux chefs de famille, et aux hommes qui s'étaient fait distinguer par leurs lumières et par leur sagesse, et ces hommes étaient chargés de veiller à la sécurité et à la prospérité de la société ; mais lorsqu'elle se transforma en nation, qu'elle occupa un territoire plus considérable, la population éprouva le besoin d'une direction plus efficace, munie de pouvoirs plus amples, en rapport avec l'importance de la nouvelle juridiction, avec les soins que demandait son accroissement et les exigeances qui naissaient à chaque pas, dans les premières étapes du progrès. Elle fit alors une délégation spéciale à un ou à plusieurs de ses membres, qui se chargèrent de veiller exclusivement aux intérêts publics, de prévenir ou repousser les agressions extérieures, de faire respecter l'ordre intérieur, la propriété et la liberté individuelles. Telle fut l'origine du Gouvernement.

— *D. Combien y-a-t-il de formes de Gouvernement?*

R. Huit formes : le Gouvernement paternel, le patriarcal, le théocratique, l'autocratique, l'aristocratique, le constitutionnel et le démocratique.

— *D. Quelle est la meilleure forme de Gouvernement?*

R. Toutes les formes seraient bonnes, si la justice et la vertu régnaient : le nom ne fait rien à la chose. Qu'importe qu'un Etat soit régi par une monarchie ou par une république, si le Gouvernement établi fait le bonheur de la nation (1).

— *D. Quelles circonstances doit réunir un Gouvernement pour faire le bonheur du peuple?*

R. Il doit être approprié au caractère, aux mœurs, aux aspirations et à l'état de civilisation de la nation qu'il est appelé à régir.

---

(1) Nous adressant à tout le monde, de quelque opinion et de quelque religion que l'on soit, qu'on nous dispense d'entrer ici dans le champ de la politique, comme nous nous sommes abstenu d'entrer dans celui de la religion. Nous respectons toutes les opinions et toutes les convictions religieuses. Il ne nous appartient pas de nous constituer juge en pareille matière.

— *D. Le bonheur d'un état dépend-il seulement du Gouvernement.*

R. Le Gouvernement peut sans doute contribuer à la prospérité d'une nation; mais le bien-être d'un État dépend aussi des citoyens. Un Gouvernement, quelque bon qu'on le suppose, ne peut faire le bien, si les citoyens contrarient ses vues, entravent sa marche et neutralisent ses bonnes intentions; mais l'on peut dire qu'il est rare qu'un peuple vertueux ait un mauvais Gouvernement, car ce Gouvernement est la partie la plus éclairée de ce même peuple. Un État est comme une machine que la vapeur ne peut faire fonctionner, si les engrenages sont en mauvais état.

— *D. D'où vient donc le malaise d'un pays et l'inefficacité de la bonne intention du Gouvernement?*

R. De l'indifférence des citoyens, du vil égoïsme, de l'ambition ou de l'envie qui font préférer le bien particulier au bien général, étouffent tout sentiment patriotique, en un mot, de la démoralisation qui règne dans la société.

— *D. Que résulte-t-il de la pluralité des partis qui divisent les citoyens?*

R. Que le bien de la nation est en souffrance par la lutte incessante d'un parti contre d'autre : que les assemblées, réunies pour étudier les questions qui intéressent le pays. perdent un temps précieux à défendre les intérêts des coteries, laissant le bien général en dernière ligne. On peut encore comparer un État à un bateau à vapeur, ayant plusieurs machines qui agissent en sens opposé : il ne peut marcher et est exposé à sombrer.

— *D. Que conclure de tout cela ?*

R. Que de même que, pour construire un édifice solide, il faut de bons matériaux, ainsi pour constituer un État florissant, il faut avoir de bons citoyens : d'où découle la nécessité absolue d'instruire et de moraliser le peuple.

— *D. Les citoyens peuvent-ils exercer quelque influence dans le gouvernement?*

R. Le peuple, étant la base du pouvoir, exerce une grande influence par l'élection de ses représentants. Il doit confier son mandat à des hommes honorables, jouissant de l'estime et de la confiance de leurs concitoyens; se méfier des cabales qui s'organisent en faveur d'un parti déterminé; ne céder aux influences, de quelque nature qu'elles soient ; ne consulter, dans cet acte solennel, que le bien du pays et n'écouter que la voix de la conscience; mais, surtout, les gens de bien doivent se faire un devoir sacré de prendre part à une opération qui doit avoir de sérieuses conséquences. L'indifférence ou la négligence, en cette circonstance, est un délit de lèse-nation.

— *D. Quel est le devoir des représentants du peuple?*

R. En acceptant la mission qu'on leur confie, ils contractent, une immense responsabilité. Ils devraient craindre et non briguer une telle charge. Un bon représentant doit être animé des sentiments du plus pur patriotisme, mettre de côté tout esprit de parti, tout intérêt personnel, pour ne s'occuper que du bien général. Ses actes et ses discours doivent être inspirés par la prudence, l'équité et un ardent désir de servir son pays.

D. — *Quelles sont les principales obligations que le Gouvernement contracte envers la nation?*

R. Outre le devoir qu'il a de la défendre contre les agressions extérieures, il est encore obligé de la protéger contre les violences individuelles, de lui procurer l'instruction, de lui inculquer les principes de la morale, de la religion, le respect des lois et l'amour de la patrie.

D. — *Qu'entendez-vous par agressions extérieures?*

R. La guerre de nation à nation, le pillage, les meurtres et la dévastation qui en sont la suite.

D. — *Et par violences individuelles?*

R. Les tentatives de quelques citoyens qui, s'étant abandonnés à leurs mauvaises passions, à leurs instincts pervers, sont entrés en lutte contre la société, ce qui a motivé l'établissement de lois répressives et protectrices, et la création d'une police spéciale, pour veiller à leur exécution.

D. — *Un gouvernement peut-il toujours éviter la guerre?*

R. Malheureusement il n'est pas toujours possible de détruire les causes qui peuvent allumer les guerres ni de leur donner satisfaction ; mais, par une manière d'agir loyale, sage et équitable, en améliorant les relations de bon voisinage, un Gouvernement peut souvent, sans compromettre les intérêts ni la dignité de la nation, éviter les occasions de guerre. Espérons qu'un jour l'arbitrage international, accepté et reconnu comme un droit, mettra un terme à toute possibilité de guerre.

D. — *Qu'entendez-vous par patriotisme ou amour de la patrie?*

R. Le patriotisme est une vertu civique par excellence qui rend l'homme capable du dévouement le plus absolu, des actes de courage et d'héroïsme les plus sublimes, du moment qu'ils doivent profiter à l'intérêt général de la patrie.

D. — *Qu'est-ce que la patrie ?*

R. La patrie, c'est le pays où nous sommes nés, où ont vécu et où sont morts nos aïeux, qui fut notre berceau, le pays où vivent ou reposent notre père et notre mère, et où nous reposerons nous-mêmes un jour.

La patrie, c'est une mère pleine de sollicitude, qui nous entoure des soins les plus empressés, nous enseigne à marcher dans la voie de la paix et de la concorde, qui verse à pleines mains sur notre tête, les trésors de science qu'elle accumule depuis des siècles, comme dans un grenier d'abondance, pour nourrir ses enfants.

La patrie, c'est une douce providence qui veille

pour nous, quand nous reposons, nous défend des attaques extérieures par ses armées, et par ses lois, nous garantit la paix et la tranquillité intérieure, la jouissance de nos droits et le libre exercice de nos facultés.

La patrie enfin, est cette mère vénérée dont les ressources sont inépuisables, comme la sollicitude; qui a des secours pour tous les besoins, des consolations pour l'affliction, un baume pour toutes les douleurs. On voit partout des monuments de son amour : ici, des écoles pour l'enfance, là, des asiles pour l'indigence, plus loin, des hôpitaux pour les malades, et mille autres institutions philanthropiques qui viennent alléger pour nous le fardeau de la vie et contribuer à notre bien-être.

— *D. Ne sommes-nous pas obligés de lui manifester notre reconnaissance ?*

R. Notre reconnaissance doit être sans limite comme ses bienfaits. Nous devons lui prodiguer les soins les plus empressés, avoir pour elle le respect le plus profond et l'amour le plus tendre. Nous devons l'embellir par les arts et les sciences, la glorifier par le génie, la rendre prospère par le travail et l'industrie; mais, surtout, agir de telle sorte, que les autres nations la respectent et l'honorent.

— *D. Le patriotisme est donc une nécessité dans la vie des nations ?*

R. Oui, certainement, c'est une nécessité morale et politique.

— *D. Qu'entendez-vous par nécessité morale?*

R. Le patriotisme prenant sa source dans l'amour de la patrie, est d'une haute moralité, parce que cet amour éloigne de l'esprit de celui qui en est animé, toute idée mauvaise qui pourrait être préjudiciable à la patrie.

— *D. Qu'entendez-vous par nécessité politique?*

R. Que le patriotisme porte aux nobles et grandes actions qui illustrent les nations. Les chefs de famille et ceux qui sont chargés de former la la jeunesse, doivent se considérer dans l'obligation sérieuse d'inculquer dans son cœur l'amour de la patrie.

— *D. Quels sont les devoirs qui découlent de l'amour de la patrie?*

R. Tout citoyen qui aime sa patrie doit contribuer, selon la mesure de ses forces, à sa prospérité, ne pas troubler l'ordre et l'harmonie qui font le bonheur des peuples, respecter le Gouvernement établi et obéir aux lois.

— *Mais si ce Gouvernement ne réunit pas les conditions nécessaires pour assurer le bonheur de la nation, n'est-il pas permis d'en provoquer le changement?*

R. Si l'on ne devait respecter que le Gouvernement qui aurait l'approbation universelle, qui satisferait toutes les aspirations, qui aurait le talent de faire un seul parti par la fusion de tous les partis, il n'y en aurait aucun de respectable, car l'existence d'un semblable Gouvernement est une utopie. La condition de l'humanité est telle, que chaque individu, au lieu de s'occuper du bien général de la patrie, n'examine les questions politiques qu'au point de vue de ses propres intérêts ; de sorte qu'il y a essentiellement divergence et opposition entre les intérêts multiples, d'où résulte une lutte acharnée et incessante dans le champ de cette politique personnelle ; ce qui prouve qu'il y a absence complète de patriotisme, Les efforts du Gouvernement, quelles que soient ses bonnes intentions, seront complètement neutralisés ; il sera balloté par les vents contraires de tous les partis, mais il ne cessera pas d'être respectable.

— *D. D'après cela, tout Gouvernement établi devrait être respecté ?*

R. Il n'y a aucun doute ; mais comme le peuple est, ainsi que nous l'avons dit, la base du pouvoir, il peut le modifier, suivant les besoins du pays; mais pour cela, il doit, autant que possible, éviter d'avoir recours à la violence, ne pas provoquer de révolutions, s'il peut le modifier ou en opérer le changement d'une manière légale et pacifique.

— *D. Par quel moyen peut-on arriver à ce résultat ?*

R. Le moyen le plus efficace et le plus équitable est d'envoyer au sein du Gouvernement, des représentants qui réunissent les conditions nécessaires de sagesse, de prudence, de science, d'intégrité et de patriotisme ; des hommes qui prennent la défense, non d'individualités ou de partis déterminés, mais des intérêts généraux du pays.

On devrait confier de préférence cette mission à des hommes respectables par l'âge et par une longue expérience des affaires publiques, sans pourtant exclure absolument l'élément jeune, dont les aspirations généreuses peuvent stimuler le Gouvernement dans la marche en avant vers le progrès. A côté de cet élément excitant, ces hommes graves seraient autant de Mentors qui, tout en guidant le Gouvernement, mettraient la nation à couvert de tous ses écarts, l'obligeraient à suivre la ligne du devoir, ou à se retirer de lui-même ; ainsi, l'on éviterait tous les maux que causent les révolutions.

— *D. Quelles sont les conséquences ordinaires des révolutions?*

R. Elles sont désastreuses ; elles produisent le désordre et la confusion dans tout le pays ; elles sèment la désunion dans les familles, arment le frère contre le frère, allument partout la discorde, provoquent les haines, les rancunes et les vengeances.

Pendant ce temps de confusion, le commerce languit, l'industrie et l'agriculture sont en souffrance, les lois perdent leur force, la morale se relâche, les liens sociaux se rompent, la solidarité humaine disparaît, le progrès et la civilisation paraissent faire un pas en arrière. Que le calme renaisse, après ces désastres; qu'un nouveau Gouvernement s'établisse; il y aura toujours le même nombre de mécontents : ils n'auront fait que changer de camp; mais la patrie aura toujours à pleurer sur une partie de ses enfants.

— La plus excellente forme de Gouvernement est celle dans laquelle l'intérêt personnel se trouve intimement lié avec l'intérêt général. MOORE.

— Le Gouvernement légitime est celui qui observe le pacte social. — TEMPLE.

— La réformation de tous les Etats consiste principalement dans une bonne éducation. — JEAN III, ROI DE PORTUGAL.

— Les partis, se proscrivant tour-à-tour, la patrie est toujours veuve d'une portion de ses enfants.

— Les révolutions sont des maladies commençant par le délire et finissant par l'atonie.

— Les contre-révolutions conduisent à de nouvelles révolutions, lorsqu'elles tendent à ramener au point d'où l'on était parti.

— L'inaction, en politique est lâcheté : chaque citoyen doit user, dans l'intérêt de tous, des droits que la constitution lui donne. J. M.

CHAPITRE VI.

Des lois.

— *D. Qu'est-ce que la loi ?*

R. La loi est la règle établie par la société, pour diriger la conduite des citoyens, permettant ou défendant certaines actions, suivant qu'elles sont utiles ou nuisibles à ses membres.

— *D. Combien y a-t-il de sortes de lois ?*

R. Deux sortes : la loi divine et la loi humaine.

— *D. Où se trouve écrite la loi divine ?*

R. La loi divine ou loi naturelle est celle que Dieu a gravée dans le cœur de l'homme.

— *Définissez-nous la loi naturelle.*

R. La loi naturelle n'est autre chose que les sentiments moraux et les principes de justice qui règnent entre les hommes indépendamment de toute loi écrite.

— *Qui a le droit de faire les lois humaines ?*

R. Ceux qui doivent être régis par elles ; c'est-à-dire, le peuple, par ses représentants, de concert avec le chef de l'Etat.

— *Pourquoi le peuple a-t-il le droit de faire les lois?*

R. Parce qu'il n'y a que ceux qui forment une société qui puissent établir les conditions auxquelles doivent se soumettre tous ses membres.

— *D. Quel est le but des lois?*

R. Les lois ont pour but d'assurer la tranquillité des citoyens, en les retenant dans les limites de la justice.

— *D. Toutes les nations ont-elles les mêmes lois?*

R. Les lois de toutes les nations sont basées sur le même principe et tendent au même but, mais elles sont modifiées et adaptées au caractère, aux mœurs et au degré de civilisation de chaque peuple.

— *D. N'y a-t-il pas des lois qui règlent les relations qui existent entre les nations?*

R. De même que les membres d'une nation ont des lois qui règlent leurs rapports entre eux, ainsi les relations de nation à nation sont soumises à des prescriptions qui fixent leurs droits et leurs obligations réciproques. De la violation de ces lois internationales découlent les guerres.

— *D. Quelles sont les conditions que doivent réunir les lois en général?*

R. Elles doivent être appropriées aux mœurs, aux opinions, aux temps et aux climats; reposer sur les bases de la justice et de la morale, et atteindre tous les citoyens sans exception. Les législateurs doivent être l'écho de la raison, et les magistrats l'écho des lois.

— D. *Quelles sont les principales conditions que doivent réunir les législateurs ?*

R. Outre les lumières et l'expérience, les législateurs doivent avoir une connaissance approfondie du cœur humain et un ardent désir de contribuer au bonheur de leurs semblables.

— D. *Les lois ont-elles une grande influence sur le sort des nations ?*

R. Le plus grand fléau qui puisse affliger un peuple, c'est d'avoir de mauvaises lois, de mauvais principes et de mauvaises institutions.

— D. *Pourquoi devons-nous nous soumettre aux exigences des lois, quand nous croyons qu'elles blessent nos intérêts ?*

R. Parce que, aveuglés par nos passions, malgré notre raison et notre conscience, nous nous écartons souvent de la ligne de la justice. Pour nous ramener à la vraie voie, la justice humaine, armée de la loi, nous avertit, par un arrêt, que nous avons commis une infraction à une de ces clauses.

— D. *De quelle nature sont les lois ?*

R. Elles sont moralisatrices, protectrices et répressives.

— D. *Qu'entendez-vous en disant lois moralisatrices ?*

R. Qu'étant l'expression pure et raisonnée de la morale, elles mettent sous les yeux de tous et de chacun en particulier, ses devoirs et ses obligations.

— D. *Et par protectrices?*

R. Que les lois règlent et conservent les droits de chacun sur ce qu'il possède légalement et loyalement.

— D. *Et par répressives?*

R. Que celui qui transgresse les lois est soumis à des pénalités établies et sagement proportionnées au délit.

— D. *Les lois sont donc une nécessité pour la société?*

R. D'une nécessité absolue, parce que les hommes, n'étant pas parfaits, ont besoin d'avoir sous les yeux les obligations et devoirs qu'ils contractent envers leurs semblables, s'ils veulent vivre en bonne intelligence avec eux. Les lois sont donc la sauvegarde et le maintien de l'ordre social. Là où l'éducation morale a épuré les mœurs, les lois sont beaucoup moins sévères. Instruisez et moralisez le peuple, et vous inutiliserez les lois.

— De sages lois et un bon Gouvernement sont le plus fort rempart d'un Etat. — De Mabli.

— On n'est libre qu'en obéissant aux lois. — Sicard.

— Le grand œuvre de la législation est de composer l'intérêt public du plus grand nombre d'intérêts privés.

—La multiplicité des lois dépose contre les mœurs, et la multiplicité des procès contre les lois.

— L'égalité civile est la sujétion commune à l'autorité des lois. — Pie VII.

CHAPITRE VII.

De la Société

D. De combien de manières l'homme peut-il vivre?

R. De deux : seul ou en société.

— *D. Quel est celui de ces deux états qui lui convient le mieux?*

R. Celui de société ; car, étant, en naissant, la plus faible des créatures, et ne pouvant supporte par lui-même les exigences matérielles de l'existence, il a besoin, pendant de longues années, d'être entouré de toute sorte de soins, d'être aidé et soutenu.

— *D. Etant arrivé à l'âge viril, l'homme ne peut-il pas se suffire à lui-même?*

R. L'homme pourrait, à cet âge, trainer une vie purement bestiale, se nourrissant, comme les animaux, des racines et des fruits que la terre produit d'elle-même ; mais, étant privé de toutes les ressources créées par la société, il se verrait, en bien des circonstances, soumis à de bien dures privations, exposé à de graves dangers.

— *D. Quels sont les avantages que l'homme retire de la société ?*

R. Moralement, il y trouve l'instruction, l'éducation sociale, si nécessaire aux bonnes relations, le respect de la propriété, de la famille et des mœurs.

Matériellement, il bénéficie de tous les avantages qui résultent des travaux exécutés par la collectivité, dans l'intérêt général.

Dieu, en nous mettant dans de mutuelles dépendances, nous ordonne, par là, et nous oblige d'avoir recours les uns aux autres ; en sorte que la faiblesse de chaque individu fait la force de tous La fragilité de notre nature, nos faiblesses, nos. passions resserrent de plus en plus les liens de l'intérêt commun, et les rendent plus chers. Nous leur devons la véritable amitié, l'amour sincére, le plaisir ou la joie intérieure dont nous jouissons dans cette vie.

— *D. Sur quelle base sont établis les devoirs de l'homme en société ?*

R. Sur les relations qu'il a avec ses semblables.

— *D. Quelles sont ces relations ?*

R. Les relations de plaisir, de peines, de besoins et de services mutuels.

— *D. L'homme heureux ne peut-il pas se suffire à lui-même ?*

R. D'après ce qui précède, on voit que le bonheur ne peut exister hors de la société ; mais admettons, pour un moment, ce qui est impossible :

le bonheur que l'on ne pourrait communiquer ne serait qu'un bonheur négatif ; les chagrins qu'un cœur ami partage perdent la moitié de leur intensité. L'homme admis dans les cieux, à la contemplation de leurs merveilles, s'ennuirait, s'il n'avait personne à qui les raconter, a dit un sage de l'antiquité.

— *D. Quels sont les principes dont nous devons être pénétrés?*

R. Les mêmes que nous avons déjà signalés, et que nous croyons devoir rappeler ici : 1° Tous les hommes sont, comme nous, susceptibles d'éprouver du plaisir et de la peine. 2° De même que nous cherchons le bien-être, et que nous craignons les maux, nos semblables possèdent le même désir et ont la même crainte. 3° Désirant qu'on tolère nos défauts et nos faiblesses, nous devons tolérer les défauts des autres et oublier leurs fautes. 4° Puisque nous estimons et aimons ceux qui contribuent à notre félicité, nous devons contribuer à la félicité de nos semblables, pour qu'ils nous aiment et nous estiment.

— *D. Quel est le principal mobile des actions de l'homme?*

R. Le désir de son propre bonheur.

— *D. Quel avantage la société peut-elle retirer de ce désir?*

R. Il peut produire le bonheur de la société entière ; car, chacun, pour travailler à sa propre félicité, doit, comme nous venons de le voir, contribuer à celle de ses semblables.

— *D. Quelles sont les ressources que la société offre à l'homme dans la vieillesse ?*

R. Outre les avantages qu'elle lui a procurés, dans le cours de sa vie ; quand ses forces l'abandonnent, qu'il est assailli par les infirmités, ses amis, et toutes les personnes, avec lesquelles il a été en relation, viennent lui prodiguer des soins et des consolations, toujours en rapport avec sa conduite envers eux.

— *D. Que faut-il pour rendre la vie de société agréable ?*

R. Trois choses suffisent : une déférence respectueuse pour nos supérieurs, une honnête complaisance pour nos égaux, et une douce affabilité pour nos inférieurs.

— *D. Quels sentiments devons-nous éprouver envers la société ?*

R. Des sentiments d'adhésion, de reconnaissance et d'amour.

— *D. La société, telle qu'elle est, ne laisse-t-elle pas à désirer ?*

R. Il nous est permis de constater avec regret qu'elle n'est pas parfaite ; mais elle est le résultat des éléments qui la composent, et ne peut se transformer qu'avec eux. Il ne faut pas trop en médire, puisque nous y entrons nous-mêmes pour notre part. D'ailleurs, si défectueuse qu'elle puisse être, on ne trouve l'estime et le bonheur qu'à l'abri de ses lois.

— *D. Quel est le résultat de la censure exagérée des vices de la société ?*

R. Il en résulte des révolutionnaires convaincus, qui persuadent au peuple que tout le mal vient du Gouvernement, et qu'on pourrait sauver la société en en changeant la forme.

— *D. Que produisent ordinairement ces changements ?*

R. De cruelles déceptions : on ne tarde pas à s'apercevoir qu'on a remplacé un excès par un autre excès; ceux qui détruisent savent rarement réédifier. Le bien ne se décrète pas, et l'état moral du peuple n'est pas modifié instantanément par les révolutions et les crises.

— *D. D'où vient la propension que nous avons de critiquer la société ?*

R. De ce que le mal nous paraît plus répandu, parce qu'il nous blesse davantage, et qu'il s'affiche avec plus de hardiesse. Si nous considérions la société d'un point de vue un peu plus élevé; s'il y avait en nous un peu plus de patriotisme, un peu moins d'égoïsme, nous serions peut-être plus disposés à l'indulgence; nous n'engloberions pas l'humanité toute entière dans le même anathème; nous verrions qu'il y a encore des hommes vertueux, dévoués, bienveillants, que l'on oublie, quand on se prend à maudire la société. Le découragement, la révolte et l'anathème ne peuvent produire aucun bien.

—D. Quelles sont les causes qui troublent le plus souvent l'harmonie de la société?

R. L'égoïsme : car, celui qui rapporte tout à soi-même, ne travaille ni à son propre bonheur ni à celui des autres; l'ignorance des principes de la morale, qui doivent être l'unique base de la société, et la mauvaise direction des passions de l'humanité.

— La société ressemble à des roues engrenées : celle qui s'isole n'est plus rien.

— L'homme a besoin de la présence de son semblable pour mieux jouir et moins souffrir.

— Les malheureux se réchauffent en se serrant.

— La première et la plus rare des qualités sociales est l'abnégation de soi-même.

— La société doit des secours et non des aumônes à tous ceux qui ne sont pas coupables de leur misère.

DEUXIEME PARTIE.

Chapitre Premier.

DES PASSIONS, DES VERTUS ET DES VICES.

— *D. Qu'entend-on par passion?*

R. La passion est un mouvement de l'âme en bien ou en mal, vers le plaisir ou la peine. Passion dans la véritable acception du mot, signifie disposition, aptitude, capacité, sensibilité.

— *D. Que doit-on conclure de cette définition?*

R. Que notre organisation ne peut être ni vicieuse, ni coupable qu'autant que nous la disposons au mal; si nous l'inclinons vers le bien, nos passions sont des vertus.

— *D. D'après cela, les passions sont des facultés que nous recevons de la nature?*

R. Il n'y a pas le moindre doute. L'homme qui n'aurait aucune passion ne serait qu'un simple automate, sans aucune responsabilité de ses actes ;

pour lui, le libre arbitre serait inutile; il ne pourrait être ni vertueux, ni criminel.

— *D. L'homme n'a donc aucun intérêt à détruire ses passions?*

R. Détruire ses passions, ce serait anéantir sa propre personnalité. Les passions sont à l'homme ce que la vapeur est à la machine : ôtez-les, vous réduisez à néant tout principe d'activité; vous tarissez la source de tout ce qu'il y a de beau, de grand et de noble dans l'humanité. Il n'y a plus ni amour, ni amitié, ni dévouement, ni patriotisme, ni héroïsme, ni arts, ni sciences, ni progrès, ni mouvement. L'humanité est réduite à l'état de masse inerte.

— *D. D'où vient donc qu'on attache au mot passion une signification si odieuse?*

R. C'est que l'on prend l'effet pour la cause, l'abus pour l'usage légitime. Les meilleures choses peuvent produire un effet funeste, si l'on ne sait en faire bon usage. Selon que nos passions s'allument au foyer de l'égoïsme ou de la charité, nous sommes vicieux ou vertueux.

— *D. Qu'est-ce que la vertu?*

R. La vertu est une disposition constante à bien faire et à suivre la raison, c'est une faculté de l'âme qui donne une bonne direction à nos passions.

— *D. Pourquoi dites-vous : une disposition constante?*

R. Parce que la vertu ne consiste pas dans un acte isolé de la vie ; il faut être disposé à répéter les actes de vertu en toute occasion.

— *D. Quelle est l'utilité de la vertu ?*

R. Elle est la base du bonheur de l'individu et de la société ; elle nous aide à supporter les maux de cette vie, à lutter contre l'adversité, et à jouir avec calme des plaisirs innocents qu'elle nous procure.

Enfin elle est un gage certain d'une complète félicité dans l'avenir.

— *D. Quels sont les caractères de la vertu ?*

R. La vertu est modeste, simple et ingénue ; elle n'a rien d'austère, de fardé ni de guindé. Une personne vertueuse ne fait pas ostentation d'un tel avantage ; elle semble ignorer qu'elle possède ce trésor ; La vertu réside dans son cœur et non sur sa figure, elle s'alimente de réalité et non d'apparence. La fausse vertu est plus funeste que le vice le plus éhonté, car on se méfie de l'un et l'on se confie à l'autre.

— *D. N'y a-t-il pas pour l'homme un intérêt immédiat à être vertueux ?*

R. Outre la satisfaction intérieure que la vertu procure, et outre la certitude qu'il a d'en recevoir plus tard une juste récompense, elle acquiert immédiatement l'estime et le respect de tout le monde : elle lie les hommes, en leur inspirant une confiance mutuelle, tandis que le vice les divise en les tenant en garde les uns contre les autres.

— *D. La vertu n'est donc pas en opposition avec les passions ?*

R. Non : elle en règle l'usage ; elle n'interdit pas les plaisirs, mais elle les assaisonne et les rend purs, calmes et durables.

— *D. La société est donc intéressée à ce que la vertu règne ?*

R. Oui, car c'est l'unique base de la prospérité des peuples. Outre l'influence bienfaisante qu'elle a sur la moralité de la société, elle contribue aussi à son bien-être matériel. L'homme vertueux obéit aux lois, respecte les institutions et travaille, selon la mesure de ses moyens, au bonheur de ses semblables.

— *D. Qu'est-ce que le vice ?*

R. Le vice est une inclination à enfreindre les lois morales et sociales ; en d'autres termes, c'est le résultat de la mauvaise direction des passions.

— *D. Quelle est l'influence du vice dans la société ?*

R. Le vice altère les relations sociales, corrompt les mœurs, bannit la confiance, sape la bonne foi, en semant la méfiance, et détruit l'harmonie sociale, qui fait le bonheur des peuples.

— *D. Quel est l'état de l'homme qui suit la mauvaise pente de ses passions ?*

R. Le plus déplorable des états : il perd la tranquillité de l'âme, l'estime de ses semblables, l'affection de ses amis ; il sacrifie sa réputation, déshonore sa famille et se prépare des remords pour la vieillesse, sans parler des funestes et inévitables conséquences pour la vie future.

— Otez les passions du monde, il est immobile ; déchaînez-les, il est bouleversé ; réglez-les, il marche à la gloire, au bonheur.

— Il est un degré de mérite plus grand que celui de n'avoir pas de vices, c'est de savoir les dompter.

— La passion n'est pas plutôt satisfaite, que le remords nous déchire.

— Il n'y a que les plaisirs innocents qui puissent laisser une joie pure dans l'âme ; tout ce qui la souille, l'attriste et la noircit.

— La vertu est pour l'homme la véritable loi de la nature. — De St-Pierre.

— Le bonheur, ou du moins le calme de la conscience, sont le patrimoine de la vertu.

— L'homme vertueux, trahi, abandonné, se réfugie dans sa conscience.

CHAPITRE II.

De la justice

— *D. Qu'est-ce que la justice?*

R. C'est une vertu morale, constante et perpétuelle, qui nous fait rendre à chacun ce qui lui appartient.

— *D. La justice est-elle une faculté naturelle ou acquise par l'étude ou par la pratique?*

R. Elle est innée dans le cœur de l'homme, mais elle est développée par la raison et par la pratique.

— *D. Quelle est l'origine des devoirs que l'homme doit respecter sous peine de violer les droits de la justice?*

R. A peine sorti des mains du Créateur l'homme entra presque instantanément dans la société, par son union avec la femme. Dès ce moment naquirent des droits et des devoirs réciproques, qui s'étendirent et changèrent de nature avec le développement progressif de cette première société.

— *D. Comment l'homme a-t-il eu connaissance de ces devoirs?*

R. Par le sentiment de justice que Dieu a gravé dans son cœur.

— *D. La justice est-elle d'une grande importance pour l'humanité ?*

R Elle est absolument indispensable. Elle est une des bases de la société et la source de toutes les vertus. Elle doit être le principe invariable, la boussole qui, seule, peut nous guider dans toutes les circonstances de la vie.

Si la justice dirigeait toutes nos actions, la plus parfaite harmonie règnerait entre les hommes, chacun vivrait dans la paix et dans la sécurité, heureux de la part qu'il a reçue ou acquise, et ne porterait pas envie à celle des autres.

— *D. L'évangile préconise la foi, l'espérance et la charité comme les trois vertus par excellence; quelle place devra occuper la justice dans la hiérarchie des vertus ?*

R. Sans méconnaître la sublimité de ces trois vertus évangéliques, nous placerons la justice en première ligne, parcequ'elle les suppose, les embrasse et les résume toutes. Si notre société donnait à Dieu ce qui appartient à Dieu, et à César, ce qui appartient à César, elle serait parfaite. Etre juste, c'est être bon, être bon, c'est être heureux, c'est-à-dire jouir de la paix et de la tranquilité de l'âme.

— *D. Ne sommes-nous pas personnellement intéressés à être justes ?*

Oui, sans doute. Celui qui exerce cette vertu

acquiert la confiance et l'estime de ses semblables; de plus, son exemple porte les autres à l'imiter et à être envers lui ce qu'il est envers eux ; il travaille ainsi à son propre bonheur, en vertu de la loi de réciprocité. N'oublions pas que celui qui est méchant est détesté, celui qui est bon est quelquefois joué, mais celui qui est juste est toujours respecté et honoré.

— *D. Quelles sont les règles à suivre pour la pratique de cette vertu?*

R. Comme nous l'avons déjà dit, Dieu les a gravées dans le cœur de l'homme. Notre conscience est un guide infaillible ; si nous ne sommes pas sourds à sa voix, nous pouvons être certains que nous ne ferons pas fausse route. Du reste, ces règles se trouvent résumées dans la maxime qui nous a servi d'épigraphe : « *Ne Fais pas à autrui ce que tu ne voudrais pas qu'on te fît.*

— *D. Outre le respect que nous devons avoir pour la vie, pour l'honneur et la propriété de nos semblables, la justice ne prescrit-t-elle pas autre chose?*

R. Elle exige que nous respections leurs idées et leurs opinions, de quelque nature qu'elles soient car, elles sont aussi leur propriété. Elle veut que nous soyons compatissants, charitables et bienfaisants ; c'est encore un droit dont nous ne devons pas les frustrer. La justice, comme on le voit, embrasse toute les vertus et condamne tous les vices.

— Il n'y a rien de grand que ce qui est durable, de durable que ce qui est juste. FERRAND.

— Le juste peut avoir en mourant un avant-goût du bonheur de l'autre monde. FRANKLIN.

— La justice est synonyme d'habileté, en matière de crédit. Mme STAEL.

— Ne pas faire justice à ceux qui le méritent, c'est décourager la vertu et enhardir le crime.

— Il n'y a qu'un chemin qui conduise au bonheur, les nations comme les individus ; c'est celui de la justice et de la vertu.

CHAPITRE III.

De l'humanité,

— *D. Quelles sont les vertus les plus nécessaires à la société ?*

R. Les trois vertus les plus nécessaires sont l'humanité, la charité et la bienfaisance, qui sont résumées dans la justice.

— *D. Qu'est-ce que l'humanité ?*

R. C'est une vertu innée dans le cœur de l'homme, développée par la civilisation et par les rapports sociaux, qui nous porte à ne pas commettre d'acte de violence contre nos semblables et à désirer leur bonheur. En d'autres termes, c'est un sentiment d'intérêt et de bienveillance envers tous les êtres de notre espèce.

— *D. L'humanité est-elle obligatoire pour tous les hommes ?*

R. Oui : ceux qui sont inhumains sont rebelles aux lois de la nature et inévitablement malheureux.

— *D. Pourquoi dites-vous qu'ils sont rebelles aux lois de la nature ?*

R. Parce que la nature a gravé dans notre cœur

des sentiments d'affection et de bienveillance ; en étouffant ces sentiments, nous violons la première loi qui ait pénétré dans notre âme.

— *D. Pourquoi dites-vous qu'ils seront malheureux?*

R. Parce que, n'aimant pas leurs semblables, ils n'en seront pas aimés, et qu'ils ne peut pas y avoir de bonheur sans affection réciproque.

— *D. L'humanité est-elle suffisante pour assurer le bonheur de la société ?*

R. L'humanité passive est un bel arbre qui ne produit aucun fruit; pour qu'elle contribue au bonheur des hommes, il faut qu'elle soit appuyée sur la bienfaisance, c'est-à-dire, qu'elle soit active. L'humanité, qui ne se manifeste pas par des actes, n'est qu'une vertu négative. De quoi servent à celui qui se noye, la sympathie et l'intérêt de la foule des spectateurs qui assistent à sa lutte désespérée contre le torrent qui l'entraîne, si personne ne lui tend la main, pour le retirer de l'abîme ?

— *D. Quel est le rapport qui existe entre l'humanité, la charité et la bienfaisance ?*

R. Ces trois vertus sont solidaires, et n'ont de valeur que pour leur union : l'humanité est vivifiée par la bienfaisance, et la bienfaisance par la charité ; chacune d'elles est un degré de l'échelle mystique qui, prenant l'homme dans le cloaque de l'égoïsme, l'élève vers la région pure et calme de la justice, de la concorde et de l'harmonie sociale.

— *D. Quelle est la classe de la société qui est la plus susceptible d'éprouver des sentiments d'humanité ?*

R. La classe moyenne qui, se trouvant plus rapprochée de la misère et des souffrances, est ordinairement plus disposée à y prendre part. Les heureux et les malheureux connaissent moins la compassion : les premiers ne soupçonnent guère la misère; les seconds se croient les plus misérables. Nous ne sommes pas exclusif : il y a, comme nous l'avons dit, de nombreuses exceptions : les pauvres, comme les riches, sont susceptibles d'éprouver des sentiments de compassion et de bienfaisance ; on voit tous les jours l'indigence tendre la main à la misère, et partager avec elle le morceau de pain qu'elle a gagné à la sueur de son front ; mais l'exception confirme la règle.

— *D. Quels sont les vices contraires à l'humanité ?*

R. L'antipathie de nation à nation, les haines de religion, les dissentions politiques, et les principes funestes qui ferment le cœur de l'homme à l'amour qu'il doit avoir pour ses semblables.

D. Sur quoi repose l'obligation où nous sommes d'être humains ?

R. La nature nous porte à aimer nos semblables ; la religion nous en fait un devoir ; l'ordre social une nécessité.

— *D. Que nous enseigne la raison à ce sujet ?*

R. Que nous devons être humains et compatissants pour les autres, si nous voulons qu'ils le soient pour nous.

— Aimer ses semblables, c'est l'unique recette contre le vide, l'inquiétude et l'ennui, c'est l'antidote des passion s dévorantes.

— Ayons pour nos semblables les sentiments qui doivent exister entre des compagnons d'infortune.

— La pitié est la source la plus féconde de toutes les vertus sociales. ROUSSEL.

— Celui qui méprise l'humanité ne trouve apparemmen en lui rien d'estimable.

— C'est usurper la vie que de se borner à ne pas nuire : les morts en font autant et n'exigent rien pour cela. DE LIGNE.

CHAPITRE IV

De la charité et de la bienfaisance

— *D. Qu'est-ce que la charité?*

R. La charité, la plus parfaite des vertus morales, est un sentiment de bienveillance, de commisération et d'indulgence qui nous porte, non-seulement à aimer et à secourir nos semblables, mais à oublier leurs injures, excuser leurs faiblesses, cacher leurs défauts et faire du bien à ceux qui nous font du mal.

— *D. La charité est-elle d'une nécessité absolue?*

R. La charité est indispensable : elle est une des bases les plus essentielles du bonheur, de la famille et de la société ; c'est le lien qui unit les membres, comme le ciment unit les pierres qui servent à la construction d'un édifice. *La vraie dévotion est la charité*, a dit Clément XIV : *sans elle, tout ce qu'on fait pour le salut est inutile.* On peut donc dire : *hors de la charité point de salut.*

— *D. Quelle est l'influence de la charité dans la société?*

R. La charité est la source de toutes les vertus,

le feu sacré qui embrase notre cœur des plus nobles sentiments ; c'est elle qui a fait de l'humanité une seule famille dont tous les membres sont des frères en misère et en espérance. C'est elle qui inspire tous les actes de dévouement, d'abnégation, de patriotisme et d'héroïsme. C'est elle qui a produit Saint-Vincent de Paul dont le nom restera éternellement gravé sur le monument qu'il a fondé, et dans le cœur des milliers de malheureux qui y ont trouvé un asile.

C'est à elle que nous devons ces âmes d'élite qui, guidées par le seul amour de l'humanité, sans ambition, sans intérêt d'aucune espèce, méprisant la fatigue et bravant les dangers, volent aux champs de bataille pour y recueillir les blessés et verser un baume bienfaisant sur leurs plaies et dans leur cœur. Enfin, c'est du sein de la charité que sont sortis des milliers d'êtres bienfaisants dont les actes honorent et consolent l'humanité.

— *D. Quelle est la source de la charité ?*

R. Nous avons beau fouiller dans la matière, en analyser tous les éléments, alambiquer tous les principes, nous n'en extrairons jamais ce qui constitue les prodiges et la sublimité de la charité. Cette vertu ne peut sortir de la terre : elle a sa source dans le ciel.

— *D. Comment se manifeste la charité?*

R. La charité se manifeste par la bienfaisance t ce sont deux sœurs inséparables, se complétant mutuellement : la première est à la seconde ce que l'âme est au corps.

— *D. Qu'est-ce que la bienfaisance?*

R. Comme vertu, c'est une disposition bienveillante qui nous porte à secourir nos semblables, quand ils sont dans le besoin.

— *D. Pourquoi dites-vous : comme vertu?*

R. Parce que un acte de bienfaisance peut changer de nature, suivant le motif qui l'inspire.

— *D. Quels sont les divers mobiles d'un acte de bienfaisance?*

R. On peut être bienfaisant pour plusieurs motifs. Si l'on fait l'aumône pour se débarrasser de l'indigence, dont la vue importune, c'est égoïsme; si c'est par ostentation, par vanité, c'est intérêt personnel : fruit apparent, mais fruit gâté. Si, enfin, on est mu par l'amour du prochain ou par un sentiment de pitié, de compassion, c'est vertu.

— *D. Sous quelle forme se manifeste la bienfaisance et quels sont ses effets?*

R. La bienfaisance, guidée par la charité, prend autant de formes qu'il y a de douleurs, d'afflictions et de misères dans la vie. C'est une douce providence qui, prenant l'homme au berceau, l'accompagne pendant tout son pélérinage, dirige sa marche, lui montre les dangers de la route, et quand ses forces sont épuisées, le soutient et l'encourage.

Aucune misère ne lui échappe ; elle a sa police

pour la découvrir, ses trésors pour la soulager ; elle va la chercher sous le triste chaume et dans l'humble mansarde, pour lui porter des secours et ranimer son courage.

Elle a son siège ordinaire dans les hôpitaux, pour prodiguer à toute heure les soins et les consolations : elle ne craint pas de descendre dans les noirs cachots, pour y porter des conseils salutaires, provoquer les larmes de repentir et tâcher de régénérer des cœurs gangrénés. On la trouve au chevet du mourant, adoucissant les angoisses de cette dernière scène de la vie, en lui ouvrant les trésors de l'espérance.

La bienfaisance monte les degrés de l'échafaud, pour soutenir un condamné, généralement coupable ; souvent victime des fatales influences de la vie, et quelquefois innocent d'un crime que de funestes apparences font peser sur sa tête. Coupable ou innocent, la charité et la bienfaisance ne voient en lui qu'un malheureux, qu'elles doivent secourir. Enfin, il n'y a pas dans la vie de fardeau que cette fée bienfaisante n'allège, pas de besoin qu'elle ne secoure, pas de chagrins qu'elle ne calme, pas de douleur qu'elle n'adoucisse.

— *D. Les secours matériels que l'on porte à l'indigence, sous la forme d'aumône ne constituent donc pas seuls tous les actes de bienfaisance?*

R. Non : les besoins de l'humanité ne se bornent pas aux exigences matérielles de la vie, il y a des douleurs morales souvent plus poignantes que les plus pressantes nécessités de l'existence et que la charité seule peut adoucir.

— *D. L'aumône constitue-t-elle par elle même un acte parfait de charité?*

R. L'aumône est toujours un acte de charité; mais pour qu'il soit parfait, l'homme doit revêtir cette bonne œuvre des formes de la modestie, de la bonté et de la sympathie, il doit bien se garder d'humilier le pauvre qui la reçoit par des paroles acerbes ou par des reproches. L'aumône que l'on fait de mauvaise grâce équivaut à une insulte. L'obole que l'on dépose dans la main du pauvre, avec une larme ou un sourire, est plus précieuse, aux yeux de Dieu, qu'une poignée d'or jetée avec reproche. Ce qu'il faut aux nécessiteux, c'est surtout la compassion. Le plus difficile est de donner, que coûte-t-il d'y ajouter un sourire?

— *D. L'aumône est-elle une œuvre facultative ou obligatoire?*

R. Les biens de la terre ne sont le partage exclusif ni d'une classe ni d'un nombre déterminé d'individus. Celui qui a reçu de Dieu la fortune ou le moyen de l'acquérir, ne doit pas s'aveugler, au point de croire que le distributeur de tous les biens a voulu le favoriser, au préjudice de ses semblables. Ce serait une injustice indigne de celui qui est la justice même. Tous les hommes sont frères et ont un égal droit à l'héritage paternel. Le riche doit donc se considérer comme simple administrateur et non comme propriétaire d'un bien qui lui a été confié. S'il abuse de sa charge, s'il ne destine pas une partie de sa fortune à soulager l'indigent, il est prévaricateur et doit s'attendre à une sévère rigueur, le jour où il sera appelé à rendre ses comptes.

— D. *L'aumône acquiert-elle de la valeur par l'importance de ce que l'on donne?*

R. Le prix de la charité doit se calculer non par l'importance de ce que l'on donne, mais par le sacrifice que l'on fait. Le pauvre qui donne un morceau du pain qu'il a gagné à la sueur de son front, a beaucoup plus de mérite que le riche qui se contente de donner une légère partie de son superflu.

— D. *La bienfaisance doit-elle suivre quelque règle dans la répartition de ses bonnes œuvres?*

R. Tous les malheureux ont droit à ses bienfaits; car la charité n'a ni patrie, ni priviléges, cependant, en égalité de circonstances, on peut placer en première ligne les parents, les amis et les bienfaiteurs. On doit encore consulter la prudence et le discernement, et exercer les actes de charité, de préférence, envers ceux qui en sont dignes, pour ne pas décourager le vrai mérite. Donner, par exemple, l'aumône à un ivrogne, qui va la dépenser à l'auberge, c'est encourager le vice, sans soulager un besoin.

— D. *Quelles sont les limites de la bienfaisance?*

R. La justice : il n'est pas permis d'être généreux au détriment d'autrui. Celui qui a des dettes, doit les payer, plutôt que de faire de bonnes œuvres, avec de l'argent qui ne lui appartient pas

— *D. Quels sont ceux qui peuvent pratiquer la bienfaisance?*

R. Tout homme, riche ou pauvre, puissant ou faible; car la bienfaisance ne consiste pas seulement, comme nous l'avons dit, à donner, mais à consoler les affligés, à donner des marques d'intérêt, de sympathie et de compassion. Il n'est personne qui ne puisse faire cette aumône morale.

— *D. Comment se fait-il qu'il y ait des riches qui ne pratiquent pas cette vertu?*

R. Heureusement, ceux-là forment une rare exception; mais elle existe. C'est parce que, ne connaissant pas par expérience les besoins de la vie, et uniquement occupés des jouissances que leur procure la fortune, ils peuvent à peine croire qu'il y ait des malheureux.

— *D. D'où vient encore l'insensibilité de quelques-uns de ces riches?*

R. De l'orgueil que leur inspirent les richesses, de la conviction où ils sont qu'ils n'auront jamais besoin de personne; enfin de ce qu'ils n'ont pas l'idée des douceurs que procure un acte de bienfaisance.

— *D. Cette conviction est-elle bien fondée?*

R. Non, assurément, car, quelque riche que l'on soit, un revers de fortune peut précipiter dans la misère, et alors, on a besoin de ceux ue l'on voyait autrefois au-dessous de soi, et que l'on méprisait, peut-être.

— *D. Quelles sont les qualités qui donnent le plus de mérite à un bienfait?*

R. La modestie et le désintéressement. Un homme véritablement bienfaisant fait le bien pour le bien, sans intérêt ni ostentation : sa main gauche ignore ce que la droite dépose dans celle du pauvre. Il ne compte même pas sur la reconnaissance ; il ressemble au soleil, qui ne trafique pas de sa lumière, mais qui l'épanche généreusement sans avoir jamais rien exigé des astres ni de la terre. En agir autrement, c'est faire un placement usuraire.

— *D. Quelle récompense l'homme bienfaisant doit-il espérer sur la terre?*

R. La première et la plus douce récompense qu'il puisse désirer dès cette vie, c'est le bon témoignage de sa conscience; ensuite l'amour, le respect et la vénération de ses semblables, qui le regardent comme une douce providence.

— Les flammes de la charité sèchent les larmes de la douleur

— Le parfait bonheur consiste à rendre les hommes heureux. J. B. Rousseau.

— Le vrai moyen d'adoucir ses peines, est de soulager celles des autres.

Voulez-vous savoir comment il faut donner? Mettez-vous à la place de celui qui reçoit. Mme de Puisieux.

— Qu'importe la reconnaissance ? C'est assez de savoir qu'il existe un malheureux de moins. Mlle CLAIRON.

— L'homme riche qui ne voit pas des créanciers dans ses frères indigents, trompe la providence. DE LA BOUISSE.

— Nous aurions souvent honte de nos plus belles actions, si le monde voyait tous les motifs qui les produiduisent.

CHAPITRE VI.

De la modestie.

— *D. Qu'est-ce que la modestie ?*

R. C'est une vertu qui fait que nous ne nous prévalons pas des avantages que nous avons, ou que nous croyons avoir sur nos semblables. C'est l'opposé de l'orgueil, de la vanité, de la hardiesse et de l'effronterie.

— *D. Quels avantages nous procure la modestie ?*

R. Elle donne du poids et de l'intérêt à tout ce que nous faisons.

Elle prévient ou désarme l'envie qui poursuit ordinairement le mérite.

Elle rehausse les qualités et fait briller les grâces de la jeunesse.

Elle assure l'intérêt, la sympathie et la bienveillance, que la vanité repousse.

— *D. Quelle différence y a-t-il entre la vraie modestie et la fausse ?*

R. La vraie modestie est la conviction franche et sincère de son infériorité relative, ou, si elle se croit supérieure, elle se tient dignement à sa place, et attend qu'on la juge, sans parler d'elle. Elle voit les qualités et les mérites de ses semblables sans envie, ni jalousie, et est toujours disposée à en faire l'éloge avec loyauté et franchise.

La fausse modestie est la connaissance de son infériorité réelle accompagnée du désir de la dissimuler par une humilité apparente. Elle affecte de s'abaisser pour qu'on l'exalte, et croit déguiser ainsi l'orgueil qui l'anime. Elle est ennuyeuse et irritante, comme tout mensonge qui s'impose et qu'on n'ose démasquer.

— *D. S'il nous est permis d'apprécier notre mérite personnel, ne pouvons-nous pas laisser paraître notre satisfaction ?*

R. Celui qui a réellement du mérite, en a rarement connaissance : il est convaincu qu'il n'est que ce qu'il doit être, et qu'il n'a droit à aucun éloge. Si le bon témoignage de sa conscience lui prouve qu'il a quelque vertu, il n'a garde de laisser paraître sa satisfaction. Il paraît si simple à l'homme vertueux d'être tel, qu'il ne lui vient pas à l'idée de s'en vanter. La vraie modestie ressemble à la violette, qui se cache humblement sous les feuilles, et se laisse deviner par le suave parfum qu'elle répand.

— *D. Que démontre la modestie ?*

R. La modestie est la marque infaillible du vrai mérite et de vertus réelles.

— *D. A quel âge convient particulièrement la modestie?*

R. Elle convient à tous les âges; mais surtout à la jeunesse. Cette vertu est au jeune âge ce que les fleurs sont au printemps. Un jeune homme ou une jeune fille modeste fait le charme de la famille, l'ornement et l'admiration de la société.

Elle est indispensable aux femmes, qui ne doivent rien voir qu'au travers du voile de la modestie. Elle est le plus bel ornement de la beauté, ou plutôt, il n'y a pas de beauté sans modestie.

— *D. Peut-on concilier la modestie avec la gloire?*

R. Il est impossible de concevoir la gloire sans que celui qui l'a acquise n'en éprouve une satisfaction intérieure; mais on peut dire que cette satisfaction est légitime, puisqu'il en résulte un bien pour l'humanité; c'est alors la sœur de l'émulation, qui est toujours louable. La modestie, unie à la gloire, est le sublime du mérite; il fait l'objet de l'admiration générale.

— *D. Quels sont les caractères de la modestie?*

R. La modestie est douce, simple et ingénue, ordinairement charitable et bienfaisante, sans affectation ni prétention d'aucune espèce. Tous ceux qui l'approchent jouissent de son savoir et de ses talents, sans être froissés de se sentir inférieurs, parce qu'elle met tant de tact et de bonté à effacer la distance, qu'elle semble, pour eux, ne pas exister.

— *D. La modestie est-elle toujours appréciée?*

R. Elle a ordinairement l'approbation générale; mais si celle de la foule lui fait défaut, elle est amplement dédommagée par le suffrage des gens sérieux, dont l'estime est plus précieuse et plus durable.

— Les hommes de mérite, d'un extérieur simple, sont comme des bijoux cachés dans une coquille de noix.

— Celui-là est deux fois grand qui, ayant toutes les perfections, n'a pas de langue pour en parler. GRACIAN.

— On avilit le désir de bien faire, par le désir de paraître avoir bien fait. LE ROI STANISLAS.

— L'homme modeste n'a ni la honte de ne pas tout savoir, ni la prétention de savoir ce qu'il ignore.

— Défiez-vous de quiconque parle toujours de sa probité, comme de quiconque parle toujours de sa bravoure. DUSSAULT.

CHAPITRE VII.

De l'honneur

— *D. Qu'est-ce que l'honneur ?*

R. L'honneur est un droit légitimement acquis à l'estime glorieuse qui est accordée à la vertu au mérite et aux talents.

— *D. Comment peut-on acquérir ce droit ?*

R. Par une conduite basée sur les principes de la morale.

— *D. Quelle différence y a-t-il entre l'homme d'honneur et l'honnête homme ?*

R. L'homme d'honneur est franc, sincère, il ne commet aucun acte capable de blesser la délicatesse et la loyauté. L'honnête homme fait tout le bien qu'il peut, et ne fait de mal à personne, c'est-à-dire, pratique la charité, la bienfaisance et la justice.

— *D. Quelles sont les prérogatives de l'honneur ?*

R. L'honneur est le seul bien que la fortune et la faveur ne puissent donner, et qu'aucune puissance ne puisse enlever à celui qui le possède. La calomnie seule peut l'atteindre ; mais elle ne peut ternir que la réputation, et l'honnête homme, accablé de revers et de disgrâces, excite encore l'envie de ses persécuteurs.

— *D. L'honneur doit donc être d'un grand prix à nos yeux ?*

R. C'est le plus précieux trésor que nous puissions acquérir, et, pour le conserver, nous devons tout lui sacrifier, la fortune même. Il n'y a rien de plus noble que la qualité d'honnête homme.

— *D. L'honneur est donc une chose bien commune, puis qu'on l'entend mentionner à chaque instant ?*

R. Il n'y a rien de plus commun que le mot honneur, mais rien n'est plus rare que l'honneur véritable. Il n'y a peut-être pas dans les langues, de substantif auquel on ait donné plus d'acceptions, et dont on ait plus abusé ; ainsi, nous avons honneur militaire, honneur de corps, honneur de race, de famille, qui ont droit à notre respect ; mais nous avons aussi, affaire d'honneur, qui signifie duel, parole d'honneur, qui n'est pas toujours l'expression de la vérité, honneur du jeu qui sert de garantie à un vice. Il ne faut pas confondre ces derniers avec l'honneur tel que nous l'avons défini : ce sont des honneurs de contrebande, qui sont d'ordinaire peu d'accord avec la vertu.

— *D. On a donc tort de qualifier du nom d'hon-*

neur un amour-propre blessé qui, pour venger une offense, quelquefois légère, va chercher ou donner la mort dans un combat singulier?

R. Bien loin de mériter cette qualification, c'est un vice condamnable, un reste de barbarie, qui dépose contre la perfection de la civilisation; c'est un orgueil aveugle qui expose à commettre le plus grand des crimes.

— *D. Quelle est donc la réparation que l'honnête homme doit exiger pour une offense reçue?*

R. Si c'est en matière grave, il doit s'adresser aux tribunaux, afin que la réparation soit publique. Si l'offense est légère, il doit la mépriser. En agir autrement, c'est être juge en sa propre cause, ce qui est toujours fort suspect.

— *D. Comment doit-on regarder celui qui provoque en duel?*

R. A quelques rares exceptions près, comme un spadassin qui, comptant sur son adresse ou sur sa force, espère tuer un citoyen pacifique, un homme de bien, peut-être un père de famille.

— *D. Mais, il y a certaines offenses qui arrivent jusqu'à la fibre la plus sensible du cœur: l'homme le plus stoïque n'est pas capable de résister au désir de la vengeance: dans ce cas, ne peut-on pas exiger une réparation par les armes?*

R. N'examinons pas la question sous le point de vue philosophique, restons sur le terrain de la morale. Il ne s'agit pas de savoir si l'homme peut ou non résister au désir de la vengeance, mais bien si cette résistance est pour lui un devoir. La morale et l'évangile sont d'accord là dessus. Ils n'admettent ni exception ni transaction : Le Christ, avant de rendre le dernier soupir, prie pour ceux qui l'ont cloué sur la croix, et résout ainsi la question.

Déclarer impossible ce qui n'est que difficile, c'est saper la vertu, et légitimer tous les vices. Du reste, un crime peut-il effacer un autre crime ? En blessant ou en tuant son adversaire, l'offensé fera-t-il que l'outrage n'existe plus ? Guérira-t-il la blessure qu'il a reçue ? Non. Il aura toujours dans le cœur le souvenir de l'outrage reçu, et sur sa conscience, le remords du crime qu'il a commis. Au lieu d'un ver rongeur qui le torture, il en aura deux; l'arbre de la vengeance n'a jamais produit de bons fruits !

— *D.. Quel sont les conséquences du duel ?*

R. Le malheur et la désolation de toute une famille qui, ayant perdu, souvent, son unique soutien, peut être vouée à la misère ; ordinairement un second crime, pour venger le premier : dans tous les cas, un funeste exemple qui porte les hommes à violer les lois de l'humanité et de la justice.

— *D. En quoi consiste le véritable honneur ?*

R. A avoir une âme grande, noble, qui, loin d'être cruelle et sanguinaire, est calme, juste et indulgente.

— *D. Quelles sont les conséquences du droit que tout homme a à l'honneur ?*

R. De ce droit découle nécessairement un devoir. L'honneur étant une propriété, on est obligé de le respecter. Celui qui y porte atteinte, viole les lois de l'équité et de la justice.

— *D. L'homme peut-il perdre son honneur sans que personne n'y porte atteinte ?*

R. L'homme perd l'honneur dès qu'il cesse d'en observer les règles. On peut comparer l'honneur à une frêle embarcation exposée aux dangers d'une mer orageuse et semée d'écueils : elle doit sombrer, si elle n'est dirigée par un pilote expérimenté et vigilant.

— Il en est de l'honneur comme de la neige, qui ne peut jamais reprendre son éclat ni sa pureté, dès qu'elle les a perdus.

— Il y a peu d'hommes plus délicats sur l'honneur, que ceux qui en ont besoin, sans en avoir.

— Un véritable honnête homme fait plus de cas de l'honneur que de la vie. GRAVINA.

— Celui qui vend son honneur, n'en retire que l'infamie.

— Tuer quelqu'un en duel, est-ce prouver autre chose, sinon que l'on est plus heureux ou plus adroit que lui?

CHAPITRE VIII.

De la gloire.

— *D. Qu'est-ce que la gloire?*

R. La gloire est un concert de louanges que le public donne à la vertu, au courage et au talent

— *D. Combien y a-t-il de sortes de gloire?*

R. Deux sortes, la véritable et la fausse. Pour mériter la vraie gloire, il faut s'oublier soi-même, ne travailler que pour le bien de ses semblables, et se contenter du témoignage secret de la conscience. La vanité n'ambitionne qu'une vaine renommée et l'approbation du public : La première est le berceau de la vertu, la seconde en est le tombeau. Elle est la source de l'orgueil, antithèse de la charité et de la bienfaisance, vertus indispensables à la félicité du genre humain.

— *D. Quelle influence peut avoir l'amour de la gloire sur la société?*

R. Quand cet amour est basé sur la vertu, il doit produire un grand bien, car, il inspire les nobles sentiments et les belles actions ; mais s'il n'a que l'intérêt personnel et la vanité pour mobile, c'est un fléau qui fait souvent couler les larmes et le sang des peuples.

— *D. Comment peut-on acquérir la gloire?*

R. Par des actions héroïques, par des mérites éclatants qui frappent et entraînent la foule comme l'éloquence, les talents militaires et les actes de dévouement; mais l'enthousiasme général la décerne moins aux faits en eux-mêmes qu'aux sentiments qui semblent les avoir dictés. Il faut donc que ces talents et ces exploits intéressent le public.

— *D. C'est donc à tort qu'on célèbre tant les hauts faits des hommes qui cherchent à s'immortaliser par les victoires et les conquêtes?*

R. Oui, parceque la véritable gloire n'est réservée qu'à ceux qui travaillent pour la patrie ou pour l'humanité. Ceux qui ne cherchent dans les conquêtes que la vaine satisfaction de leur vanité, n'obtiennent qu'une stérile renommée. Au lieu de mériter l'admiration, le respect et la reconnaissance des peuples, ils sont dignes de leur haine, comme les plus grands fléaux de l'humanité.

— *D. Quels sont donc ceux qui méritent d'arriver à la gloire?*

R. Ceux qui, par leurs talents et leur bravoure, combattent pour la défense, l'honneur et la prospérité de la patrie.

— *D. N'y a-t-il que les guerriers qui aient droit*

à l'admiration et à la reconnaisssance de leur pays ?

R. Les peuples doivent encore leurs hommages aux sages législateurs, aux écrivains distingués qui répandent les lumières, enseignent la morale, guident les arts, les sciences et l'industrie, et contribuent ainsi à la marche du progrès; à ceux enfin qui, d'une manière quelconque, travaillent au bien-être de leurs semblables.

— *D. L'homme doit-il désirer d'arriver à la gloire ?*

R. Ce désir est légitime, il n'y a aucun doute; mais il doit en craindre les effets, car, telle qu'une liqueur délicieuse, elle produit l'enivrement; surtout quand on la cherche avec trop d'empressement. La gloire la plus calme, la plus solide et la moins dangereuse est celle que l'on obtient sans courir après elle.

— L'estime des contemporains vaut mieux que l'admiration de la postérité.

— La gloire n'est jamais où la vertu n'est pas. Lefranc.

— L'estime ne se livre qu'au mérite : la renommée, la gloire même se prostituent au crime.

— La gloire la plus éclatante est comme un beau jour : elle ravit à son levant, resplendit au midi, s'altère à son couchant, et se perd dans la nuit.

— L'homme s'agite, ébranle le globe pour faire un moment bruire son nom dans le silence de l'éternité.

— Les rayons de la gloire dessèchent souvent ce qu'ils éclairent.

CHAPITRE IX

De la modération.

— *D. Qu'est-ce que la modération ?*

R. C'est une des principales vertus sociales, qui maintient dans de sages limites les passions extrêmes qui animent trop fréquemment les hommes dans les circonstances difficiles de la vie.

— *D. Quelles sont les principales circonstances dans lesquelles cette vertu est le plus nécessaire ?*

R. Il n'y a pas de situation dans la vie qui ne requière la modération, mais elle est particulièrement indispensable dans la prospérité, dans les plaisirs et dans la gloire.

— *D. Pourquoi est-elle nécessaire dans la prospérité ?*

R. Parce que la prospérité ou fortune est inconstante et volage. Si on se laisse trop dominer par les jouissances qu'elle procure ; si l'on n'est pas modéré dans l'usage que l'on en fait, et si l'on s'attache trop aux biens de la terre, la perte de ces biens, qui peut survenir au moment où l'on y pense le moins, cause une douleur d'autant plus vive, qu'il est rarement possible de reconquérir le bien-être que l'on a follement gaspillé.

— *D. Qu'entendez-vous par jouissance modérée de la fortune ?*

R. Nous faisons un usage modéré de la fortune, en satisfaisant tous nos besoins sans lésinerie, mais sans les augmenter inutilement, en nous en créant de factices.

— *D. Quel est l'effet immédiat que produisent les besoins inutiles que nous nous créons ?*

R. Le premier, est la perte matérielle de l'argent que nous dépensons, pour satisfaire un vain caprice; le second est le regret que nous éprouvons, quand nous arrivons à réfléchir sur l'inutilité des dépenses que nous avons faites, pour nous procurer un plaisir d'un moment. Enfin, les privations que nous éprouvons, quand nous ne pouvons plus nous procurer une jouissance, qui est devenue pour nous une nécessité. En sortant des limites du besoin, nous entrons dans l'immensité des désirs, et nous sommes malheureux.

— *D. Quelles sont les règles que la modération prescrit dans les plaisirs ?*

R. Pour que nos plaisirs soient purs et durables, ils doivent être modérés, n'offenser ni scandaliser personne, et n'être nuisibles ni à la famille, ni à la santé; tout ce qui ne réunit pas ces conditions est vice, désordre, débauche et non plaisir. La vertu ne peut résider dans une semblable atmosphère.

— *D. Pourquoi devons-nous être modérés dans la gloire ?*

R. Parce que, si cette passion devient trop dominante, elle dégénère en ambition, en vanité, en orgueil, vices qui entraînent après eux de funestes conséquences.

— *D. La modération est-elle nécessaire dans les circonstances ordinaires de la vie ?*

R. De même qu'une locomotive a besoin d'un frein pour régulariser sa marche, ainsi l'homme a besoin d'un frein moral qui tempère la violence de ses passions, et l'empêche de sortir de la voie de la vertu.

— *D. Quelle est la catégorie des personnes qui ont le plus de besoin de modération ?*

R. Elle est nécessaire à toutes les classes de la société ; mais le besoin s'en fait plus spécialement sentir à ceux qui, étant, par leur fortune ou leur position, au dessus de leurs semblables, sont plus exposés à commettre des abus ; ainsi, les chefs du pouvoir, leurs délégués et généralement tous ceux qui exercent une autorité quelconque, doivent, dans leurs paroles et dans leurs actions, apporter la plus entière modération.

Les pères et les mères, dans leur intérieur, à l'égard de leurs enfants, sont surtout dans l'obligation de pratiquer cette vertu, et de se tenir à égale distance entre une trop grande rigueur et une faiblesse excessive. Ils doivent être bien convaincus que le souvenir de chacun de ces deux excès reste gravé dans la mémoire des enfants, et laisse toujours dans le cœur une impression qui modifie leur respect et leur affection. Ils doivent encore pratiquer cette vertu, pour l'exemple ; car, c'est par l'éducation intime de la famille que s'acquiert cette vertu si nécessaire à l'existence de la société. Si nous pouvions monter tous les degrés de l'échelle sociale, nous trouverions partout le besoin impérieux de la modération.

— *D. Quels sont les avantages de cette vertu ?*

R. Elle prévient ou calme les dissensions, la colère, la haine et la vengeance; elle est le tombeau des mauvaises passions, et nous assure les douceurs d'une vie paisible et heureuse, qui n'est pas troublée par le spectre horrible des remords. Une vieillesse saine ou infirme est la récompense ou la punition d'une jeunesse modérée ou déréglée.

— La force du corps, comme celle de l'âme, est le fruit de la modération,

— Soyez tempérants dans vos plaisirs pour en jouir plus longtemps.

— L'absence des désirs vaut mieux que la jouissance de tous les biens. MONTESQUIEU.

— L'art du bonheur consiste à proportionner ses désirs à ses moyens, et avoir le goût des plaisirs paisibles.

— La vertu finit toujours où l'excès commence. MASSILLON.

— Le plaisir est une fleur qui naît sur la tige de la vertu. YOUNG.

CHAPITRE X.

De la sobriété.

— *D. Qu'est-ce que la sobriété?*

R. La sobriété est une vertu qui fait qu'on ne s'écarte jamais des règles de la modération dans le boire et le manger.

— *D. Que dénote cette vertu?*

R. Celui qui ne prend que la quantité juste d'aliments nécessaires, pour satisfaire les besoins matériels de l'existence, démontre qu'il est doué d'un jugement droit, de sentiments élevés et d'une saine raison.

— *D. La sobriété exige-t-elle que tout le monde se soumette au même régime?*

R. Il serait absurde de rationner également toutes les constitutions, et de prescrire à des tempéraments vigoureux et forts, qui ont besoin d'une nourriture plus copieuse, le même régime qu'à des constitutions faibles et délicates. Cette vertu veut que chacun prenne les aliments nécessaires, mais ne dépasse jamais la limite du besoin. L'homme doit manger pour vivre, et non vivre pour manger.

— *D. Quels sont les effets de la sobriété ?*

R. Il y en a de trois sortes : physiques, intellectuels et moraux.

— *D. Quels sont ses effets physiques ?*

R. Elle conserve la santé et la force du corps ; car, ne chargeant pas avec excès l'estomac, l'homme digère les aliments avec plus de facilité, et évite des maladies qui altèrent les forces et abrègent la vie.

— *D. Quels rapports peut avoir la sobriété avec l'intelligence ?*

R. La digestion étant plus facile, notre tête est plus libre, nos idées plus claires, nos sensations plus vives ; nous sommes, par conséquent, plus capables de soigner nos intérêts, de connaître et d'accomplir les devoirs de notre état, de comprendre et d'observer les lois, et de contribuer au bien-être de nos semblables ; en un mot, de remplir dignement le rôle de bon citoyen.

Ceux, au contraire, qui s'abandonnent aux excès de la table, ayant toujours l'estomac chargé d'aliments, la tête troublée par les vapeurs de l'alcool, sont privés de toute espèce de jouissance intellectuelle : Les beautés de la littérature, l'harmonie de la musique, les splendeurs de l'univers ne leur offrent aucun attrait. Ils se rapprochent de ces animaux qui, ne trouvant de satisfaction que dans la nourriture qu'on leur jette, ne lèvent jamais la tête pour regarder la main qui la leur donne.

— *D. Quels sont les effets moraux de la sobriété?*

R. Jouissant de toute la lucidité de notre intelligence, nous trouvons dans le calme de notre cœur de douces sensations, de suaves émotions qui poétisent notre âme et embellissent notre existence. Un sain raisonnement nous suggère des motifs de satisfaction dans la prospérité, et des consolations dans l'adversité. N'étant pas rivée à la terre par l'amour des jouissances matérielles, notre âme peut s'élancer dans les sphères éthérées et aller déposer ses adorations aux pieds de l'auteur des merveilles, que l'univers étale à nos yeux.

Enfin, la sobriété retient l'homme dans la jouissance des plaisirs purs et licites, le maintenant dans un état où il peut goûter les douceurs que procure toujours une vie réglée.

— *D. Que peut-on dire en général de cette vertu?*

R. Qu'elle est la véritable, la seule richesse des peuples, comme le luxe est la pauvreté des grands.

— Pour la santé de l'âme et du corps, le désir et l'appétit ne doivent jamais être entièrement satisfaits.

— La frugalité est un ménagement du plaisir. DACIER.

— On croit, quand on est soûl, être au-dessus d'un roi, et l'on est au-dessous de la brute. CHARLES II.

— La nature ne veut que le nécessaire, la raison veut l'utile, le goût veut l'agréable, la passion cherche le superflu. SALVIEN.

— La tempérance est la plus fine et la plus délicate des voluptés.

CHAPITRE XI.

De la pudeur.

— *D. Qu'est-ce que la pudeur?*

R. La pudeur est la crainte de ce qui blesse l'honnêteté, la décence, la modestie.

— *D. Ce sentiment est-il le fruit de l'éducation ou le privilège d'une belle âme?*

R. La nature a mis en nous la pudeur, l'éducation la fortifie.

— *D. Quelle est la définition qu'en a donnée un sage de l'antiquité?*

R. *L'image de la vertu.* Elle est en effet le symbole de l'innocence et de la candeur. *La pudeur fut toujours la première des Grâces,* a dit un auteur français.

— *D. Que dénote cette vertu?*

R. La pudeur est la marque d'une âme candide, d'un cœur qui ne connaît pas le vice.

— *D. A quel âge convient particulièrement la pudeur?*

R. A la jeunesse. Une jeune fille, surtout, ornée des graces de la pudeur, est, aux yeux de tout le monde, l'objet le plus intéressant. La femme sans pudeur, n'est jamais belle.

— *D. Que nous prescrit cette vertu?*

R. D'être décents dans notre maintien et dans nos paroles; d'éviter tout ce qui peut faire naître les mauvais désirs ou scandaliser les oreilles chastes, comme les mises indécentes et les paroles déshonnêtes.

— *D. Quels sont les avantages qu'une jeune fille retire de la pudeur?*

R. Elle lui acquiert l'estime, le respect et l'intérêt de tout le monde et lui assure un établissement avantageux.

— *D. Quel est le sort inévitable de celle qui n'est pas ornée de cette vertu?*

R. Elle est mal vue dans la société; elle ne jouit jamais de l'estime ni de la sympathie de ses compagnes; elle ne peut se marier qu'avec un homme sans honneur, et finit généralement mal.

— *D. La pudeur convient-elle aussi aux hommes?*

R. Oui, mais surtout aux jeunes gens. Ceux qui n'ont pas cette vertu, sont généralement méprisés, et peuvent rarement se créer une honnête carrière.

— La pudeur est l'assaisonnement des grâces et de la beauté.

— Une langue qui prononce des paroles déshonnêtes, est le truchement d'un cœur corrompu.

— Celui qui tient des propos orduriers, dévoile sa corruption, et suppose celle de ses auditeurs.

— Il n'y a qu'un ange qui puisse interroger la pudeur, sans la flétrir.

— La licence des paroles mène à la licence des action
DE LA BOUISSE.

CHAPITRE XII.

de la Prudence.

— *D. Qu'est-ce que la Prudence?*

R. La prudence est une vertu qui dirige notre conduite, et nous fait agir avec sagesse et circonspection. On peut dire que c'est la droite raison naturelle appliquée à toutes les circonstances de la vie. Elle doit être, pour l'homme, ce que le balancier est pour l'horloge, c'est-à-dire qu'elle doit régler toutes ses actions.

— *D. Quels sont les caractères qui distinguent la prudence de la modération?*

R. La modération et la prudence sont deux sœurs étroitement unies. La première, ainsi que nous l'avons dit, nous enseigne à mettre un frein à l'expression violente de nos passions; la seconde nous démontre la nécessité de nous tenir en garde contre les évènements qui surgissent dans la vie, et de ne pas nous laisser entraîner à commettre des actes, pouvant compromettre nos intérêts et notre propre sécurité, ou les intérêts et la sécurité des personnes qui nous ont chargés de les sauvegarder.

— *D. Sous combien d'aspects se présente cette vertu ?*

R. La prudence peut être considérée comme vertu politique, vertu sociale et vertu domestique.

— *D. Qu'est-ce que la prudence prescrit, comme vertu politique ?*

R. Elle impose à tous ceux qui sont investis d'un pouvoir quelconque, l'obligation rigoureuse d'agir avec la plus grande circonspection, dans toutes les questions qui intéressent l'Etat, d'éviter tout ce qui pourrait porter atteinte aux lois, aux mœurs et troubler l'ordre social. Une imprudence commise par ceux qui sont chargés des intérêts généraux, peut avoir des conséquences funestes pour la nation entière.

— *D. Quelle est son utilité comme vertu sociale*

R. Comme vertu sociale, elle doit diriger la conduite de chacun des membres de la société, dans l'intérêt de tous.

— *D. Et comme vertu domestique?*

R. Comme vertu domestique, elle est la règle que doit suivre l'individu dans son propre intérêt et dans celui de sa famille.

— *D. Que dénote la prudence ?*

R. Un jugement sain, une intelligence éclairée, une mûre reflexion.

— *D. Quels sont les avantages que nous prescrit la prudence ?*

R. Elle donne du poids à nos actions, nous acquiert la considération et la confiance de tout le monde, elle est généralement un gage de réussite dans nos entreprises, parce que les moyens qu'elle indique sont dictés par la sagesse. L'homme prudent réfléchit avant d'agir, calcule et prévoit l'avenir, dirige ses affaires avec habileté et sert ses intérêts avec succès.

— *D. Quelle est la conduite de l'homme qui possède cette vertu ?*

R. Il remplit religieusement ses devoirs, selon les règles de l'équité et de la justice ; tâche de dominer son caractère, afin de ne pas provoquer les passions d'autrui ; prend les mesures nécessaires pour jouir chez lui de toutes les commodités que la modération autorise et sans léser les intérêts de ses semblables ; enfin il évite les excès en toutes choses. Ainsi, tout en jouissant d'un heureux présent, il se prépare un avenir tranquille.

— *D. Que doit faire la jeunesse pour se conformer aux préceptes de la prudence ?*

R. Elle doit toujours se conduire de manière à mériter l'estime des honnêtes gens et le bon témoignage de sa conscience ; baser sa conduite sur les règles de la morale ; craindre les illusions, ces sirènes du jeune âge, qui attirent inévitablement vers les écueils ; se laisser guider par ceux qui ont fait le voyage de la vie, car on ne peut avoir l'expérience qu'au retour ; ne jamais rien entreprendre avec précipitation et sans réflexion; se méfier de la présomption qui cause toujours de funestes mécomptes, enfin, écouter beaucoup et parler peu, car celui qui parle sème et celui qui écoute récolte.

— Voir le but où l'on tend, c'est jugement; y atteindre, c'est justesse; s'y arrêter, c'est force; le passer, c'est témérité. DUCLOS.

— Qui pense bien à ce qu'il veut faire, s'épargne la confusion d'avoir fait des sottises.

— La prudence est l'œil de toutes les vertus. PYTHAGORE.

— Agir sans avoir réfléchi, c'est se mettre en voyage, sans avoir fait des préparatifs.

— Le talent le plus rare, quoique le plus utile, est celui de bien écouter.

— Une seule réflexion peut décider du sort d'un individu, d'une nation.

CHAPITRE XIII.

Du courage.

— *D. Qu'est-ce que le courage?*

R. C'est une fermeté d'âme qui fait supporter l'adversité, braver le péril et la souffrance.

— *D. Sous combien de formes se présente le courage?*

R. Il prend diverses formes et différentes dénominations, suivant les circonstances.

1° C'est *activité*, dans celui qui, malgré les difficultés qu'il rencontre, tâche d'arriver à son but par un travail assidu.

2° C'est *résignation*, dans celui qui accepte sans murmure l'adversité et les épreuves de la vie.

3° C'est *patience*, dans celui qui, quoique plongé dans la douleur, dans la souffrance et dans la plus profonde misère, fait, sans se laisser abattre ni décourager, tous ses efforts pour améliorer son sort, et espère avec confiance de meilleurs temps et un dédommagement futur.

4° C'est *bravoure, c'est intrépidité*, dans celui

qui sait mépriser les dangers et la mort, quand il s'agit d'accomplir un devoir.

5° C'est *constance*, dans celui qui, malgré les obstacles et les difficultés, persévère avec courage dans ses entreprises.

— *D. Quel avantage retirons-nous de l'activité?*

R. L'activité est la base du bien-être de l'individu et de la société, la source de la vertu, l'antidote des passions, le chemin qui conduit souvent à la fortune, toujours à la paix de l'âme, à la tranquillité de la conscience.

— *D. Quel bien produit la résignation?*

R. Par la résignation, nous allégeons le fardeau de nos peines. Il est, dans la vie, des douleurs morales qui ne peuvent trouver d'adoucissement que dans la philosophie et dans la religion : il est inutile de murmurer contre les lois de la destinée : notre révolte, au lieu de calmer nos maux, ne ferait que les aggraver et les rendre incurables. La résignation est l'unique remède qui puisse en diminuer l'intensité, et finir par les calmer.

— *D. Quels sont les effets de la patience?*

R. La patience est la sœur de la résignation : elle produit à peu près les mêmes effets. Avec la patience, tout en acceptant, avec résignation, les peines qui nous affligent, nous ne cessons de lutter avec calme, courage et persévérance, pour tâcher de les alléger. La plupart des maux n'ont que deux remèdes : le temps et la patience; mais ils sont efficaces.

— *D. La bravoure et l'intrépidité sont-elles de quelque utilité?*

R. La bravoure vole au devant du danger, l'intrépidité lui résiste avec un courage froid et inébranlable, quand il se présente. Dans l'armée, ces deux vertus sont le bouclier qui met à couvert l'honneur et fait briller la gloire de la patrie.

Le simple citoyen a aussi des combats à livrer, des dangers à affronter, des difficultés à vaincre; s'il avance résolument vers ces dangers et ces difficultés, il est presque sûr de les surmonter; mais s'il ne présente qu'une faible résistance, s'il va au combat en tremblant, il ne peut espérer la victoire : il est vaincu d'avance.

— *D. De quoi sert la constance?*

R. Elle est un gage presque sûr de réussite dans nos entreprises; car il y a rarement des difficultés qui résistent à une ferme volonté, à un travail opiniâtre. *Vouloir c'est pouvoir*, dit un proverbe.

— *D. Le courage doit donc avoir une grande influence dans la vie?*

R. Une très grande : l'homme courageux ne se laisse jamais abattre par l'adversité, ni arrêter par les difficultés. Sa force morale met à couvert son honneur, sa propriété, sa vie. Il ne recule devant aucun danger, lorsqu'il s'agit de combattre pour la patrie; il est à l'abri des angoisses de la peur, qui altèrent la santé et dégradent toutes les facultés de l'homme; il est respecté et estimé de tout le monde; il est moins exposé aux attaques et aux taquineries; car, on sait qu'il est capable de se défendre. Enfin, son courage le rend digne d'occuper dans la société, certains postes qui requièrent cette vertu.

— *D. Quelles sont les limites du courage?*

R. Le courage ne doit jamais dépasser les limites établies par la prudence ; on doit craindre d'arriver à la témérité.

— *D. Qu'est-ce que la témérité?*

R. C'est une hardiesse imprudente et inconsidérée qui engage l'homme à se précipiter, sans réflexion, dans les plus grands dangers, sans en calculer le résultat. La témérité est toujours dangereuse, souvent sans résultat, et rarement à propos.

— Celui qui craint de souffrir, souffre déjà ce qu'il craint. MONTAIGNE.

— Le vrai héros est celui qui a le plus de courage contre lui-même.

— Les plaintes amères et bruyantes aigrissent un mal sans remède : la patiente résignation l'adoucit.

— Un homme de résolution s'appuie sur les obstacles, comme sur une barrière, un parapet, pour le franchir.

— La témérité réussit quelquefois, mais plus souvent elle se perd. BONAPARTE.

— L'homme innocent, courageux et persécuté s'indigne, tombe, mais ne s'incline pas.

CHAPITRE XIV.

De la patience

— *D. Qu'est-ce que la patience?*

R. C'est une vertu qui donne la force d'âme nécessaire pour supporter, sans récrimination et sans emportement, l'adversité, la douleur, les injures et les défauts d'autrui.

— *D. La patience est-elle une vertu commune?*

R. C'est peut être la vertu dont la pratique est la plus difficile; parce qu'elle est exposée à des tentations toujours renaissantes; cependant, si l'on réfléchissait bien à toutes les douceurs qu'elle procure, il n'y a pas le moindre doute qu'on ne tâchât de l'acquérir; car, lorsqu'on est parvenu à se vaincre, on est largement récompensé de ses efforts. La colère ne vient plus troubler les sens et l'esprit; on jouit du calme et de la paix de l'âme; on souffre moins, et l'on ne fait plus souffrir les autres.

— *D. Pourquoi dites-vous que la patience adoucit les peines?*

R. Parce que, comme nous l'avons dit, celui qui supporte ses peines avec courage et patience, souffre beaucoup moins que celui qui se laisse abattre, et ne cherche de remède que dans les plaintes, les gémissements ou le désespoir. L'impatience et les lamentations, au lieu d'alléger nos maux, ne font que les aggraver.

— *D. Ne trouve-t-on pas dans la religion quelques raisons qui nous engagent à souffrir avec patience et résignation?*

R. La religion seule est capable de nous donner assez de force pour lutter contre l'adversité. En soumettant les hommes au travail, à la douleur et aux maux de toute espèce, le Créateur a, sans doute, cru que cela devait leur être de quelque utilité. Ce serait un blasphème de dire qu'il les a créés pour le simple plaisir de les voir souffrir. Nous devons donc nous soumettre à sa volonté, et accepter toutes les épreuves de cette vie, avec la ferme confiance qu'il nous en sera tenu compte. D'ailleurs, la coupe de la vie serait douce jusqu'à la fadeur, s'il n'y tombait quelques larmes amères.

— *D. La vue des maux de nos semblables ne devrait-elle pas nous aider à supporter les nôtres?*

R. Une maxime latine dit : *La consolation des malheureux est d'avoir des compagnons d'infortune.* Puisque tous les hommes sont soumis au même sort, pourquoi voudrions-nous que Dieu fît une exception en notre faveur ?

— *D. Cette exception n'existe-t-elle pas en faveur du riche qui, pouvant se procurer toute espèce de jouissances, est heureux ; tandis que le pauvre est soumis à des privations sans nombre, et souffre ?*

R. Raisonner ainsi, c'est avoir une idée bien fausse de l'humanité. Malgré les apparences de bonheur, et malgré sa fortune, le riche est bien loin d'être complètement heureux ; il a aussi des peines et des soucis que la fortune ne peut adoucir. De même que le pauvre, il est exposé aux accidents, aux revers, aux infirmités, aux maladies, aux chagrins domestiques. Habitué aux jouissances de tout genre, son cœur est blasé ; car le goût s'émousse par satiété, tandis que la privation le stimule. Une table luxeuse ne procure pas au riche la jouissance que le pauvre trouve dans son modeste repas. Le sommeil est plus paisible dans l'humble chaumière que sous les lambris dorés. La paix domestique, l'union de la famille, la tranquillité de la conscience résident plus souvent sous l'humble chaume que dans les palais somptueux.

— *D. On conçoit bien que l'homme puisse avoir assez de force de caractère pour supporter la douleur, résister à l'adversité ; mais peut-il être capable d'accepter avec résignation la mort, qui vient mettre un terme à une vie de privations, de souffrance et de combats, sans aucun dédommagement dans cette vie ?*

R. Puisque la mort est la fin de nos souffrances, nous devrions nous en réjouir, au lieu de nous affliger. On conçoit fort bien qu'elle doit être horrible pour ceux qui ne croient pas à l'immortalité de l'âme ; ils doivent êtres effrayés à la vue du néant, dont ils ont été les apôtres ; mais l'homme vertueux la considère sans épouvante, il la regarde d'un œil tranquille, comme le passage à une meilleure vie. Loin de la redouter, elle est l'objet de ses espérances. Il a fait le bien, sa conscience est tranquille ; il meurt sans regret et sans crainte, sachant bien qu'il va recevoir le prix de ses vertus.

— Il faut faire bonne contenance partout, dans le bonheur et dans l'adversité, dans l'abaissement et dans la grandeur. — Mme de Puisieux.

— L'impatience aggrave un mal irrémédiable : il faut le traiter comme la nécessité.

— La résignation, la patience et la sobriété sont d'habiles médecins.

— Sans quelques chagrins, quelques douleurs, on ne se sentirait pas vivre.

— L'humeur, l'impatience, dans les maladies, ne font que rengréger un mal physique par un mal moral.

CHAPITRE XV.

De l'amour du travail

— *D. Qu'entendez-vous par amour du travail?*

R. L'amour du travail est une vertu sociale qui porte l'homme à employer toutes ses facultés, pour travailler à son bien-être et à celui de ses semblables.

— *D. Y a-t-il une loi qui oblige l'homme à travailler?*

R. Aucun code n'a formulé l'obligation de travailler; mais la nécessité, plus forte que tous les codes, force l'homme à chercher sa subsistance dans le travail.

— *D. Le travail est donc un châtiment?*

R. Non, c'est la loi universelle, la conséquence de la vie, sa seule raison d'être et la seule condition de bonheur. L'inaction est tellement contraire à la nature, que la vie serait pour nous un supplice.

— *D. Les riches, dont la subsistance est assurée, sont-ils aussi soumis au travail?*

R. Tous les hommes, sans exception, sont obligés de travailler, quoique ils n'en aient pas besoin pour vivre ; car un revers de fortune peut les obliger à gagner leur vie. Ils doivent encore travailler en vertu de la loi morale qui oblige tous les hommes à contribuer au bonheur de leurs semblables, par l'exercice des facultés qu'ils ont reçues de la nature.

— *D. N'y a-t-il que l'homme qui soit soumis à la loi du travail ?*

R. Nous n'avons qu'à fixer nos regards sur le grand atelier de l'univers et nous verrons qu'il n'y a pas un être animé qui reste oisif. Depuis le lion du désert, jusqu'au plus petit insecte, tout se meut, tout s'agite, tout travaille. Le castor construit son palais, le lapin creuse son terrier, l'oiseau bâtit son nid où il doit élever sa famille, l'abeille vole de fleur en fleur, pour y cueillir son miel, la fourmi ramasse, pendant l'été, sa provision d'hiver : tout obéit à la loi générale du travail. Comment l'homme, ce chef-d'œuvre de la création, pourrait-il rester immobile, au milieu de ce mouvement universel ? L'instinct de l'animal serait-il donc un moteur plus puissant que la raison et l'intelligence de l'homme ? Celui qui prétend être le roi de la nature, peut-il seul dormir, et se contenter du rôle honteux de parasite, pendant que tout veille, se meut et travaille autour de lui ?

— *D. Quels sont les avantages du travail ?*

R. Le travail entretient la santé du corps, le calme et la tranquillité de l'âme ; il assure le bien-être de l'individu et la prospérité de la société. Celui qui est pauvre, gagne, en travaillant, sa subsistance, et, s'il a de l'ordre et de l'économie, peut acquérir la fortune, ou au moins se préparer une honnête aisance pour la vieillesse.

— *D. Le travail n'a-t-il pas un effet moral?*

R. Le travail est la sauvegarde de l'honneur et de la vertu. L'homme qui s'occupe de quelque chose d'utile n'est pas tourmenté par les mauvaises passions ; ne contracte pas de vices pernicieux, et accomplit un devoir sacré, en contribuant au bonheur de ses semblables, tant par le bon exemple qu'il donne, que par les avantages que la société retire de son travail.

— *D. N'y a-t-il pas des circonstances où l'homme puisse être dispensé de travailler ?*

R. Quand, par son activité et son économie, il a acquis une modeste aisance et assuré son avenir, il peut, sans se livrer à une complète oisiveté, se créer un nouveau genre de vie moins pénible, et être encore utile à sa famille et à ses semblables. Quand l'âge ou les infirmités rendent tout travail impossible, il peut alors jouir d'un repos qn'il a bien mérité par une vie laborieuse et exemplaire.

— *D. L'homme arrivé à cette dernière période de la vie, ne peut-il pas encore servir son pays?*

R. Il peut encore servir la société, en donnant de sages conseils dictés par sa longue expérience; ainsi, en promenade, en société, à table, partout, il peut trouver l'occasion d'instruire la jeunesse, en gravant dans son cœur des principes de morale, en lui racontant des histoires instructives et amusantes, et en la faisant jouir du fruit de sa propre expérience.

Cette manière d'enseigner, produit en général, plus d'effet que les plus beaux sermons. L'homme qui termine ainsi sa carrière, a rempli dignement sa mission sur cette terre ; il meurt, comme un brave sur le champ de bataille.

— *D. Que conclure de tout cela ?*

R. Que le travail est l'unique chemin qui conduise à la fortune, au bonheur ; que par le travail, l'homme acquiert un droit à l'estime et au respect de ses semblables, et se rend digne d'occuper, dans la société, un poste honorable, en rapport avec ses facultés. Enfin, que le travail des citoyens est une garantie certaine de paix, d'ordre et de prospérité pour la nation.

— L'homme vif et actif conserve longtemps ses bonnes qualités : Il n'y a que l'eau dormante qui croupit.

— Les journées laborieuses donnent des nuits tranquilles, Mme Simons.

— Le travail manuel a pour cortège l'appétit, la santé, le calme et le sommeil.

— Dieu a posé le travail pour sentinelle de la vertu. HÉSIODE.

— Quand la fortune nous décharge du travail, la nature nous accable du temps.

— Le plaisir fatigue, le repos ennuie, le travail occupe.

CHAPITRE XVI.

De l'économie.

— *D. Qu'est-ce que l'économie?*

R. C'est une vertu domestique qui nous enseigne à user sagement de la fortune.

— *D. Qu'entend-on par user sagement de la fortune?*

R. C'est vivre commodément, suivant ses moyens ; avoir beaucoup d'ordre dans l'administration de ses intérêts et dans ses dépenses.

— *D. Quel ordre doit-on observer dans ses dépenses?*

R. Il faut, d'abord, connaître exactement ses revenus, et dépenser toujours un peu moins qu'on ne gagne, si cela est possible, afin de se créer un fonds de réserve, pour un cas de besoin.

— *D. Le riche a-t-il besoin de se soumettre aux règles de cette vertu?*

R. Oui, certainement ; l'expérience nous apprend que, quelque grande que soit la fortune, elle finit par s'épuiser, si l'on dépense sans ordre et avec prodigalité. On peut même dire que le riche a plus besoin d'être économe que le pauvre ; car, s'il vient à perdre sa fortune, il lui est difficile de la recouvrer ; tandis que celui qui a su acquérir par son travail, une modeste aisance, peut la regagner par le même moyen, s'il vient à la perdre.

— *D. L'économie du riche ne serait-t-elle pas la misère du pauvre, la ruine du commerce, de l'industrie et des arts ; car, il n'y a que les riches, qui puissent alimenter ces branches?*

R. Aussi nous ne comparons pas l'économie de ces deux classes. Une dépense, quelque grande qu'elle soit, si elle est en proportion avec la fortune, n'est prodigalité, qu'autant qu'elle est inutile ou nuisible. Elle est, au contraire, vertu, si elle peut contribuer au bien-être de la société.

La dépense du riche est condamnable quand elle ne sert qu'à satisfaire les passions, ou fomenter le vice. Dépenser, par exemple, de grandes sommes au jeu ou en débauches, c'est violer les règles de la vertu ; c'est compromettre les intérêts de la famille ; c'est priver les malheureux d'un secours, auquel ils ont droit ; c'est manquer au devoir de bon citoyen, en gaspillant une fortune qui pourrait contribuer au bien-être général, tout en servant ses propres intérêts.

— *D. Comment peut-on faire des économies?*

R. On doit d'abord établir le budget des recettes et des dépenses, et tâcher qu'il ne se solde jamais en déficit. Pour cela, il faut modérer ses désirs restreindre ses besoins, dominer sa volonté et régler sa vie. Il faut savoir se refuser un plaisir, s'imposer une privation, quand cela est nécessaire. Une partie de l'argent que l'on dépenserait au cabaret, au café, en amusements où à la satisfaction d'un caprice, doit être mise en réserve.

On peut encore économiser quelque chose sur la toilette, sur le luxe de la table ou de la maison. Il n'y a personne, quelque modiques que soient ses ressources, qui ne puisse faire quelque économie. Il n'y a qu'à commencer : c'est le premier pas qui coûte. Une privation que l'on s'impose est un sacrifice d'un moment, tandis que la satisfaction, qui suit l'accomplissement d'un devoir, est inaltérable.

— *D. Est-ce être économe de s'imposer des privations excessives, dans l'unique but d'augmenter sa fortune ?*

R. Non : c'est être avare. L'économie est une vertu aussi opposée à l'avarice qu'à la prodigalité. La véritable économie n'impose pas de privations dans ce qui est utile : elle s'applique moins à restreindre les dépenses, qu'à les faire à propos ; mais elle n'affecte pas inutilement à un objet les ressources qui peuvent être mieux employées d'une autre manière.

— *D. Comment peut-on qualifier l'économie, dans les trois classes de la société ?*

R. L'économie est besoin dans la pauvreté, sagesse dans la médiocrité et vertu dans l'opulence.

— *D. Comment vit l'homme prudent et sage?*

R. L'homme qui suit les conseils de la sagesse, ne se contente pas de vivre au jour le jour ; il met tous les jours quelque chose de côté, pour les moments difficiles, pour un cas de maladie, d'infirmité, d'accident ou pour la vieillesse ; il tâche d'avoir toujours une réserve, pour profiter d'une occasion qui peut augmenter son bien-être.

— *D. L'économie consiste-t-elle seulement dans l'emploi de l'argent et l'usage des choses acquises?*

R. Elle comprend aussi la distribution et l'emploi du temps, qui est la fortune la plus précieuse de l'homme. Celui qui emploie mal son temps, fait une perte irréparable. On peut regagner une fortune que l'on a perdue, mais il est impossible de rattraper le temps qui est passé. *Le temps est de l'or,* dit un proverbe anglais.

— *D. Qu'est-ce que les parents doivent enseigner à leurs enfants, relativement à la vertu dont nous nous occupons?*

R. Ils doivent, dès le plus bas âge, inculquer dans leur esprit l'amour de l'ordre et de l'économie ; leur enseigner à faire bon usage des choses qu'on leur donne; à soigner leur corps, leurs vêtements, leurs livres, leurs jouets même; à tenir chaque chose avec ordre et à sa place. Il ne convient pas de leur acheter des jouets de prix; car, ils n'en connaissent pas la valeur, les brisent aussi vite, et ne s'en amusent pas davantage. Sans tous ces soins, ils s'habituent au désordre et à la destruction ; les habitudes de l'enfance durent toute la vie.

On a d'abord quelque difficulté à les soumettre à ces règles ; mais on finit par leur créer une habitude qui aura une grande influence sur toute leur vie. De cette manière, on est certain de faire des hommes d'ordre et d'économie, qui tiendront bien leur maison, administreront sagement leurs intérêts, et se créeront une existence aisée et relativement confortable.

— Ménagez tout pour la vieillesse, amis, santé, fortune : sa débilité ne trouve jamais assez d'appuis.

— Il n'y a pas de gain plus sûr que l'économie. P. Syrus.

— Soyez économe : le manque d'argent cause souvent le manque d'esprit, et plus souvent le manque de probité.

— Lorsqu'on n'a pas su ménager assez d'or pour dorer les pilules de la vieillesse, il faut bien les avaler avec toute leur amertume.

— Le moyen le plus sûr d'augmenter sa fortune, est de diminuer ses besoins.

CHAPITRE XVII.

De la Simplicité et de la Candeur.

— *D. Qu'est-ce que la simplicité?*

R. La simplicité est une disposition franche et vraie, qui nous éloigne du faste, de l'apprêt et de tout ce qui est frivole et inutile; en d'autres termes, c'est un caractère d'innocence et de candeur sans déguisement et sans malice.

— *D. Quel rapport y a-t-il entre la modestie et la simplicité?*

R. La simplicité consiste à laisser voir ce que l'on est, la modestie à le cacher : celle-ci couvre d'un voile ses mérites; celle-là ne suppose pas en avoir.

— *D. Quels sont les avantages de la simplicité?*

R. L'homme simple est content de ce qu'il a; il ne désire ni habits précieux, ni meubles de luxe, ni mets recherchés, ni dignités, ni honneurs ; il est exempt des tourments de l'ambition, des inquiétudes inséparables de la fortune et des regrets cuisants qui en suivent la perte.

La simplicité de ses goûts fait qu'il supporte facilement les privations, et sait s'accomoder aux évènements de la vie, sans plainte ni murmure. Ne visant pas aux applaudissements, et ne craignant pas la critique, il est libre et indépendant : il est tel qu'il est ; faisant le bien, parce que sa conscience le lui commande, et non pour obtenir l'approbation publique. Sans la mépriser, il n'est pas l'esclave de l'opinion, qui est le grand mobile des actions de la généralité des hommes.

— *D. Que produit encore la simplicité ?*

R. Le faste altère les vertus de l'homme et le rend efféminé : par le luxe, les femmes deviennent coquettes et débauchées : la simplicité est un bouclier impénétrable, qui met à couvert la moralité et la vertu des uns et des autres.

L'homme simple, étant à l'abri des passions brûlantes, cause de tous les maux qui affligent l'humanité, et jouissant du calme de l'esprit, de toute la lucidité de l'intelligence, est plus en état de s'occuper de ses intérêts, d'établir des calculs plus exacts, qui lui garantissent de meilleurs résultats dans l'administration de sa fortune, ce qui le conduit inévitablement au bien-être.

— *D. La simplicité est donc d'une grande utilité dans la vie ?*

R. Un homme simple et franc est toujours sûr d'avoir l'estime et la confiance de tout le monde. Avec sa réputation de droiture, il fera plus d'affaires en un jour, qu'un homme adroit en un an. L'adresse séduit, l'enthousiasme fait des prosélytes, la candeur donne des amis.

— *D. Quelles sont les qualités que l'on voit briller dans l'homme qui a les goûts simples ?*

R. Toutes les qualités qui doivent se trouver dans un bon citoyen : la franchise, la probité, la bonne foi, etc, en un mot toutes les vertus.

— *D. Pourquoi dites-vous que la simplicité conduit à la pratique de toutes les vertus ?*

R. Parce que les eaux bourbeuses du vice ne peuvent pas sortir de la simplicité, qui est une source toujours pure. Celui qui sait assujettir son corps aux règles de la simplicité, sait aussi astreindre son âme à la pratique des vertus. Voilà pourquoi l'évangile dit : *Heureux les simples d'esprit, car le royaume des cieux est à eux.*

— *D. Cette vertu est-elle à l'abri des falsifications ?*

R. Il n'y a pas de vertu qui ne soit exposée aux contrefaçons. Il y a aussi une candeur de contrebande, des ingénus aux yeux baissés, aux joues rougissantes, mais ces natures, si faciles à troubler, sont souvent les moins candides. On se méfie instinctivement d'un homme qui courbe la tête et ne peut supporter le regard de son semblable. S'il est sincèrement franc, pourquoi craint-il que l'on surprenne sa pensée dans ses yeux obliques ?

Ces contrefaçons sont heureusement rares, et ne peuvent altérer la vertu authentique : elles lui donnent, au contraire, un nouvel éclat ; car le vice fait l'éloge de la vertu, en tâchant de l'imiter. Celui qui ne peut avoir la réalité, est bien obligé de se contenter des apparences ; il faut le plaindre, plutôt que de le condamner.

— Rien n'est plus propre à faire échouer l'artifice et la finesse, que la candeur et la simplicité.

— L'usage ordinaire de la finesse est la marque d'un petit esprit.

— La simplicité et la candeur, voilà le plus bel ornement des femmes.

— Un homme fin n'est jamais un grand homme, ni peut-être, un honnête homme.

— Le dernier terme de la perversité sociale est la fausseté. POUQUEVILLE.

— Celui qui rampe est écrasé ; celui qui marche la tête haute se brise ; celui qui prend des détours se fourvoie, marchez droit, sans orgueil, et sans bassesse.

CHAPITRE XVIII.

De la bonne foi et de la sincérité.

— *D. Qu'est-ce que la bonne foi?*

R. C'est une fidélité inviolable à tenir ses engagements ou la parole donnée.

— *D. Ne viole-t-on les règles de cette vertu qu'en refusant d'accomplir ses promesses?*

R. On transgresse encore les règles de la bonne foi :

1° Lorsque, dans le commerce ou dans un traité quelconque, on trompe sur la qualité ou sur la quantité des choses qui font l'objet de la transaction.

2° Lorsque, profitant d'une circonstance quelconque, on exagère la valeur d'un objet ou l'importance d'un travail, pour en retirer un prix supérieur à sa valeur réelle.

3° Lorsque, reconnaissant les droits de quelqu'un on refuse de lui rendre ou de lui faire rendre justice.

4° Lorsque, dans la discussion d'une question on soutient systématiquement, ou par esprit de contradiction, des principes, dont on connaît la fausseté.

5° Enfin, lorsqu'on refuse d'accorder au mérite l'éloge qui lui est dû.

— *D. Quel avantage retirons-nous de l'exécution de nos promesses?*

R. Par l'accomplissement de nos engagements, nous méritons la confiance de nos semblables qui, connaissant notre droiture et notre loyauté, sont toujours disposés à entrer en relation d'affaires avec nous, et à nous être utiles et agréables en toute occasion.

— *D. La société est-elle intéressée à ce que la bonne foi règne?*

R. Cette vertu est le lien qui unit tous les membres de la société. Elle est l'âme du commerce, le principe de toutes les relations sociales, la base sur laquelle repose la paix, la tranquillité et l'harmonie; en un mot, le bien-être général.

Supprimez la bonne foi, vous bannissez la concorde, l'union et la confiance; vous paralysez le commerce, vous arrêtez la marche du progrès. Les membres d'une même société ne sont plus des frères, qui travaillent au bien-être commun: ce sont des ennemis, épuisant toute sorte d'artifices, pour se tromper réciproquement. De là naît la méfiance qui, rendant impossible toute transaction, tarit la source féconde du commerce, de l'industrie, et détruit ainsi la richesse qui découle des relations sociales.

— *D. Quels sont les avantages dont jouit un Etat qui a su établir le règne de la justice et de la bonne foi?*

R. Un Etat où la bonne foi règne, jouit d'un doux calme, d'une profonde tranquillité. Les peuples voisins, sachant qu'il est incapable de manquer à ses engagements, de violer les règles de la justice et de l'équité, par conséquent, de troubler l'ordre et la paix, n'ont aucune méfiance, l'estiment, le respectent et recherchent son alliance. A l'ombre de la concorde et de la confiance, l'agriculture fleurit, le commerce prospère, les arts brillent de tout leur éclat. Le peuple, jouissant en paix des bienfaits d'un si bon Gouvernement, observe les règles de la morale et respecte les lois. Son unique aspiration se bornant à la paisible possession de son héritage, il ne connait ni les tourments de l'envie, ni les tortures de l'ambition, ni l'incertitude de l'avenir. Voilà un peuple pacifique, juste, laborieux qui, content de son sort, n'oppose aucune difficulté à la marche d'un Gouvernement qui fait son bonheur, et contribue ainsi à la marche du progrès et de la civilisation, c'est-à-dire, au bonheur de l'humanité.

— *D. Quel est le moyen de ne jamais manquer à sa parole?*

R. Le seul moyen de ne jamais manquer à sa parole, est de ne la donner qu'après y avoir mûrement réfléchi.

— *D. Qu'est-ce que la sincérité?*

R. La sincérité est l'expression véritable, franche, sans artifice ni déguisement de ses propres sentiments.

— *D. Quel sont les caractères distinctifs de la sincérité?*

R. Elle se manifeste par les manières, par les discours et par les actes. L'homme sincère se montre tel qu'il est, sans chercher à faire supposer en lui des qualités qu'il n'a pas, il est ennemi du mensonge, de la fausseté et de l'hypocrisie.

— *D. La sincérité nous oblige-t-elle à découvrir nos faiblesses et nos défauts?*

R. Nous ne sommes pas obligés de divulguer inutilement nos erreurs; mais il ne nous est pas permis de faire supposer en nous des mérites que nous n'avons pas. Si l'aveu de nos imperfections ou de nos fautes est nécessaire ou utile, nous ne devons pas balancer à les faire connaître. Reconnaître ses torts, c'est prouver que l'on est devenu sage. Un aveu sincère dispose à l'indulgence.

— L'observation de la foi donnée est plus profitable que tout ce que promet la perfidie. HENRI IV.

— A tout homme avec qui vous traitez une affaire importante, faites-lui cette question : *Croyez-vous en Dieu?*

— Celui qui est revenu souvent sur ses promesses, cesse d'inspirer la confiance.

— Il n'est pas de fonds qui rapporte plus d'amis que la franchise et la bonne foi. AZAÏS.

— Il faut être esclave de ses engagements, ou renoncer à tout crédit.

— On ne peut exiger la promesse de quelqu'un, sans être obligé de tenir la sienne, CICÉRON.

CHAPITRE XIX.

De la douceur.

— *D. Qu'est-ce que la douceur?*

R. La douceur est une sensibilité d'âme qui modère l'humeur, l'impatience et l'irritabilité, fait supporter avec bienveillance le contact des hommes et sans révolte le choc des évènements.

— *D. Cette qualité n'a-t-elle pas d'autres avantages?*

R. Elle charme l'esprit, captive le cœur, resserre l'amitié et désarme la colère. La douceur du ton et des manières a un ascendant imperceptible auquel on ne résiste pas. Les caractères les plus violents, les cœurs les plus aigris cèdent à sa douce influence. Une parole douce, des manières polies, calment les cœurs les plus irrités, les conduisent insensiblement à la persuasion, et finissent par en obtenir les plus grandes concessions. Mettez du gravier dans les engrenages d'une machine, elle s'arrête ou se brise : remplacez-le par quelques gouttes d'huile, elle fonctionne avec facilité.

— *D. Quelle influence peut avoir la douceur dans les discussions?*

R. Il est des caractères obstinés, absolus, tyranniques, qui veulent toujours avoir raison, et qui cèdent à peine à l'évidence. Inutile de discuter avec eux. L'unique moyen de mettre fin à une polémique inutile et souvent futile, est de leur laisser la vaine satisfaction de se croire infaillibles. Il suffit de dire: *Telle était mon opinion, mais je puis me tromper.* Ces paroles magiques rétablissent instantanément la paix, sans diminuer la valeur de vos raisons, aux yeux des personnes qui sont présentes.

— *D. La douceur n'est-elle pas un signe de faiblesse?*

R. La douceur des formes n'exclut pas la fermeté de caractère: le cable flexible résiste à la fureur des flots. La douceur relève la bravoure, la brutalité lui ôte son mérite et détruit son effet.

— *D. La douceur est-elle un don de la nature ou une vertu que nous pouvons acquérir par nous-mêmes?*

R. Nous recevons la disposition de la nature: l'éducation et la raison la développent.

— *D. Un homme qui est né violent et irascible peut-il modifier son caractère et devenir doux et aimable?*

R. Refuser à l'homme la possibilité de s'améliorer, ce serait nier la loi du progrès. Dans la nature tout avance, rien ne rétrograde ni reste stationnaire. L'homme seul serait-il étranger à ce mouvement progressif? Ayez pitié de celui qui dit : *Je suis ainsi fait : je ne puis pas me réformer.* Ce n'est pas la force qui lui manque, mais l'énergie, la volonté.

— *D. Les hommes ne seraient-ils pas plus heureux, s'ils étaient tous doués d'un caractère doux et aimable?*

R. Si tous les hommes étaient doués du même caractère, la vie serait pour eux d'une uniformité, d'une monotonie insoutenables. La douceur serait inutile, si nous n'avions à lutter contre des caractères opposés. Ce n'est que par les contrastes que l'on peut apprécier les choses. La santé n'a de prix que pour ceux qui connaissent les inconvénients de la maladie ; les ombres font ressortir les beautés d'un tableau.

Dieu a permis qu'il y eût des caractères difficiles, pour donner du mérite à ceux qui ont la douceur en partage. Si tous les hommes étaient calmes et paisibles, la vie serait pour eux douce jusqu'à la fadeur. S'il n'y avait que des caractères violents et irascibles, l'univers ne serait qu'un champ de bataille. Il faut donc conclure que tout a sa raison d'être en ce monde.

— *D. Comment doit-on se conduire avec les personnes qui ont un caractère aigre et difficile?*

R. Toujours avec beaucoup de ménagement. On ne doit jamais les brusquer, mais les conduire à la persuasion par la voie de la douceur. Un cheval ombrageux se cabre, si l'on contrarie trop brusquement son allure; mais il est docile à la main qui le caresse. Le boulet démolit les remparts qui lui présentent une forte résistance; tandis qu'il vient s'amortir contre quelques sacs remplis de terre.

— *D. A qui convient particulièrement la douceur?*

R. Elle convient à tout le monde, mais particulièrement au jeune âge. Une jeune personne, surtout, douée d'un caractère doux et aimable, fait les délices de tous ceux qui la connaissent. Tout le monde loue son bon cœur, admire ses belles manières, lui suppose une éducation soignée; elle est estimée, aimée, recherchée dans la société, dont elle fait le charme?

— *D. Quelle opinion devons-nous avoir des personnes qui n'ont pas la douceur en partage?*

R. Nous devons les plaindre, plutôt que de les condamner, car elles en sont les premières victimes. Peut-on les rendre responsables d'avoir reçu de la nature un caractère qui fait leur malheur, ou de la négligence des parents qui n'ont pas su les corriger dans leur enfance?

Du reste, elles ont souvent d'autres qualités qui rachètent bien ce vice de leur nature. C'est leur esprit qui est malade, et non leur cœur. L'homme qu'on appelle bourru-bienfaisant, vous reçoit brutalement, mais il vous rend le service que vous lui demandez.

— La fermeté unie à la douceur est une barre de fer entourée de velours.

— Le défaut de douceur ne peut se compenser, dans une femme, par aucune autre vertu.

— Les hommes vifs et inquiets se fatiguent beaucoup plus que les autres.

— La douceur entretient l'autorité, la rigueur la détruit. CATON.

— Les caractères les plus durs se soumettent par la douceur, la justice, la patience et les bienfaits.

CHAPITRE XX.

De la tolérance et de l'indulgence.

— *D. Qu'est-ce que la tolérance ou indulgence?*

R. C'est une disposition heureuse qui nous porte à pardonner, à excuser et à oublier les défauts de nos semblables.

— *D. La tolérance est-elle une vertu bien nécessaire?*

R. Elle est tellement nécessaire que, sans elle, la société ne peut pas exister. L'homme est par sa nature, si faible, si fragile, si imparfait, qu'il ne peut faire un pas sans être exposé à tomber dans quelque erreur, à commettre quelque faute. Si l'on n'est pas disposé à se supporter, à se pardonner mutuellement, on ne peut espérer ni paix, ni tranquillité. L'état de l'homme est pire que celui des brutes qui, malgré l'imperfection de leur nature, forment des familles, des groupes, suivant les espèces, se tolèrent et vivent en bonne harmonie.

— *D. Que nous défend la tolérance?*

R. Elle nous défend, non-seulement de con-

8.

damner les faiblesses de nos semblables, mais encore d'attaquer leurs idées, leurs opinions.

— *D. Mais si nous croyons qu'ils sont dans une fausse voie, ne sommes-nous pas obligés de les redresser ?*

R. Notre devoir est de tâcher de leur démontrer leur erreur; mais s'ils persistent, nous devons respecter leurs idées, car il est souvent bien difficile de savoir de quel côté est la raison. Pour obliger quelqu'un d'accepter nos idées, il faut d'abord lui prouver que nous sommes plus infaillibles que lui. Dans tous les cas, nous devons tâcher de les convaincre par des raisonnements calmes, bienveillants, revêtus des formes de la politesse et de la douceur.

— D. *N'est-il pas quelquefois permis d'user de violence, s'il doit en résulter un bien pour la société ?*

R. La violence est toujours condamnable, de quelque nature qu'elle soit. Nos idées et nos opinions sont notre propriété, et personne n'a le droit de nous les arracher par la violence. Attaquer durement les opinions de quelqu'un, c'est les enraciner plus profondément, et les graver dans le cœur. Toute opinion sincère a droit au respect. La lutte contre les personnes n'ébranle pas les idées, qui ne peuvent être combattues que par le raisonnement.

— *D. Cette vertu n'est-elle pas un signe d'indifférence, de faiblesse ?*

R. La tolérance n'est pas faiblesse. C'est, pour chacun, le droit de penser, de juger, de choisir. Elle favoriserait bien des rapprochements, amènerait bien des concessions, que les excès rendent impossibles.

— *D. Que devons-nous penser des opinions politiques ?*

R. Qu'elles sont toutes respectables, si elles sont basées sur l'intérêt du pays. Deux opinions, diamétralement opposées, peuvent être légitimes dans l'esprit de ceux qui les professent ; car, chacun peut être convaincu, même sincèrement, que ses idées favorisent le bien général. Tout dépend du point de vue duquel on le considère.

S'il y avait un peu plus de patriotisme, et beaucoup moins d'égoïsme, il serait plus facile de s'entendre, et le pays n'en irait pas plus mal.

Du reste, en l'absence du patriotisme, la tolérance nous fait un devoir de ne pas trouver mauvais que les autres désirent ce qui favorise leurs intérêts, puisque nous en faisons, peut-être, nous-mêmes autant.

— *D. Que nous défend encore la tolérance ?*

R. De haïr ou de mépriser ceux qui appartiennent à une religion différente de la nôtre. Nous devons laisser à Dieu le soin de nous juger les uns et les autres. La religion s'inculque par la persuasion et ne s'impose pas. La foi est un don de Dieu, peut-on nous faire un crime de ne l'avoir pas reçu? Nous devons plaindre ceux que nous croyons être dans l'erreur, tâcher de leur faire connaître la vérité par les voies de la douceur; mais, s'ils résistent, nous n'avons pas le droit de les haïr, puisque leur erreur ne nous porte aucun préjudice.

— *D. Quels sont les avantages que procure l'indulgence?*

R. Celui qui est indulgent pour les faiblesses de ses semblables, mérite qu'on excuse aussi les siennes. Il obtient leur sympathie et leur affection, et contribue ainsi à établir la paix et l'harmonie, sans lesquelles il n'y a pas de bonheur possible pour la société.

— Ne pas porter des lunettes de même couleur, n'est pas une raison pour se haïr et s'entretuer.

— Ne faites violence à personne pour l'amener à la foi. — Concile de Tolède.

— Les haines de sectes, de partis, s'éternisent par les vengeances, les persécutions; le pardon et la tolérance calment tout.

— Soyez tolérants, si Dieu l'eût voulu, tous les habitants de la terre auraient suivi sa loi. LE CORAN.

— Un roseau, couché par le vent, dans la fange, dit-il au roseau voisin, couché dans le sens contraire: « *Rampe à ma façon, misérable, ou je demande qu'on t'arrache et qu'on te brûle?* »

CHAPITRE XXI.

De l'urbanité et des qualités agréables en société.

D. Qu'est-ce que l'urbanité ou politesse ?

R. C'est une disposition bienveillante qui porte l'homme à entourer d'égards et d'attentions les personnes avec lesquelles il a des rapports, en leur témoignant l'estime que tous les membres de la société se doivent réciproquement.

— *D. Combien y a-t-il de sortes d'urbanité ?*

R. Deux sortes : l'urbanité de forme et l'urbanité de cœur, ou bien, l'urbanité apparente et l'urbanité réelle. Celle-ci est une vertu, celle-là n'en est que l'image. L'une est le résultat d'une franche bonté, et l'autre de l'intérêt. Les sentiments manifestés par l'urbanité du cœur sont vrais ; l'urbanité de forme est comme le miroir sur lequel vient se heurter l'alouette.

— *D. Quels sont les avantages de cette qualité ?*

R. Elle gagne l'affection générale ; elle est le lien de la société par l'agrément qu'elle répand dans le commerce de la vie ; tout le monde est prévenu en faveur de l'homme poli ; il ne voit autour de lui que des amis toujours disposés à lui être agréables et utiles ; il est reçu avec plaisir dans toutes les sociétés ; et, jouissant de l'estime générale, il arrive souvent aux postes ou aux dignités, qui sont en rapport avec sa position.

— *D. Quelles sont les autres qualités agréables en société?*

R. La gaîté, l'enjouement, l'esprit et l'usage du monde.

— *D. Qu'entend-on dans notre siècle par esprit de société?*

R. D'Aguesseau l'a parfaitement défini : « Penser peu, parler de tout, ne douter de rien, n'habiter que les dehors de son âme et ne cultiver que la superficie de son esprit ; s'exprimer heureusement, avoir une conversation légère et délicate, savoir plaire sans se faire estimer, être né avec le talent équivoque d'une conception prompte et se croire par là au dessus de la réflexion ; voler d'objets en objets, sans en approfondir aucun, cueillir rapidement toutes les fleurs et ne donner jamais aux fruits le temps de parvenir à maturité. C'est une simple peinture de ce qu'il a plu à notre siècle d'honorer du nom d'esprit. »

— *D. Quels sont donc les caractères de la véritable politesse, ou esprit de société?*

R. La véritable politesse sait approuver sans fadeur, louer sans jalousie, railler sans aigrir ; elle saisit les ridicules avec plus de gaîté que de malice, jette de l'agrément sur les choses les plus sérieuses, soit par le sel de l'ironie, soit par la finesse de l'expression ; passe légèrement du grave à l'enjoué, sait se faire entendre en se faisant deviner, montre de l'esprit sans en chercher, et donne à des sentiments vertueux le ton et les couleurs d'une joie douce ; elle embellit la prospérité et adoucit l'adversité ; enfin, c'est l'assaisonnement qui rend pures et agréables toutes les relations sociales.

— *D. Quelle est la règle générale que l'on doit suivre pour vivre en société ?*

R. Il faut se conformer au caractère, aux mœurs et aux habitudes des personnes qui la composent, louer leurs qualités et excuser leurs défauts.

— *D. Sur quel principe devons-nous baser notre conduite ?*

R. Sur le principe que nous avons déjà cité : *Ne fais pas à autrui ce que tu ne voudrais qui te fût fait.* Ayant chacun notre sensibilité, notre amour-propre, nous devons éviter de toucher à ces parties délicates. Il ne nous est pas permis de chercher notre plaisir dans la mortification de nos semblables. Nous oublions plus facilement une faute qui porte atteinte à nos intérêts, que celle qui blesse notre amour-propre.

— *D. Par quel moyen pouvons-nous gagner l'estime de tout le monde ?*

R. Par d'aimables procédés; c'est une condition indispensable. Sans l'amabilité, ni les richesses ni le pouvoir ne sont capables de mériter l'affection générale.

— Celui qui sait écouter, comprendre et applaudir, est sûr de plaire en société.

— La politesse est comme l'eau courante, qui rend unis et lisses les plus durs cailloux.

— La politesse est l'oubli constant de soi, pour ne s'occuper que des autres. MONCRIF.

— Le railleur a toujours le cœur froid, et souvent l'esprit faux.

— Beaucoup de personnes mettent dans le commerce de la vie, de l'affabilité, de l'esprit, de la politesse, mais très peu de cordialité.

— Le plus heureusement né est celui qui joint l'esprit à la raison, la douceur à la bonté, la patience au courage.

TROISIÈME PARTIE.

Des vices en particulier.

OBSERVATIONS PRÉLIMINAIRES.

Les quelques considérations que nous avons soumises, sur la beauté et sur les avantages de la vertu, devraient nous montrer la laideur et les tristes conséquences du vice. L'éloge de la première est la condamnation du second. Dans le chapitre qui traite des passions, des vertus et des vices en général, nous avons dit deux mots sur leur influence dans la société. Nous nous bornerons maintenant à faire connaître succintement quelques uns des maux qui sont la conséquence des vices en particulier.

N'écrivant qu'un ouvrage élémentaire, nous ne pouvons entrer dans tous les détails que requerrait ce sujet. Les personnes qui désireront faire une étude plus approfondie de la morale, pourront consulter une infinité d'auteurs, qui ont traité cette matière plus à fonds et d'une manière plus compétente.

Du reste, connaissant la beauté de la vertu, quel besoin avons-nous d'étaler la laideur du vice ? C'est un tableau que nous voudrions pouvoir nous dispenser d'exposer, pour ne pas être obligé de mettre à découvert les misères et les faiblesses de l'humanité. Aussi glisserons légèrement sur cette matière.

Puisque la vertu mérite, l'estime et la vénération des hommes, le vice ne peut espérer que le mépris, la honte, les remords et le châtiment. C'est le plus grand fléau qui afflige l'humanité, le principe des désordres, des révolutions et de tous les crimes. Aussi, a-t-il été stigmatisé par les sages de tous les temps.

— Le vice a beau se cacher dans l'obscurité, son empreinte est sur le front des coupables. J. J. ROUSSEAU.

— Le vice est si hideux, qu'il n'ose se produire que sous le masque de la vertu.

— L'homme vicieux est toujours un être faible, un esprit faux et petit, un cœur froid. D'ARTAIZE.

— Plus un homme vicieux avance en âge, plus le vice jette en lui de profondes racines.

CHAPITRE I.

De l'injustice.

— *D. Qu'est-ce que l'injustice?*

R. Puisque la justice est une vertu qui nous porte à respecter les droits d'autrui, l'injustice est un vice qui nous fait violer ces mêmes droits.

— *D. Quels sont les mauvais penchants qui nous portent à violer les règles de la justice?*

R. L'ambition, la cupidité, la convoitise, sources du vol; la colère, le désir de vengeance, principe du meurtre; l'envie, la méchanceté, qui nous inspirent les mauvaises paroles; la médisance et la calomnie.

— *D. Quels sont les maux qui découlent de l'injustice?*

R. Elle suscite les discordes, les animosités, les procès, les vengeances. Elle altère l'amitié, détruit la confiance, et rompt, pour ainsi dire, tous les liens de la société. Enfin elle allume les guerres qui arrosent la terre du sang humain.

— *D. Quel est le résultat d'un acte d'injustice, pour son auteur?*

R. L'homme qui commet une injustice, perd l'estime et la confiance de ses semblables et la tranquillité de la conscience. Par le préjudice qu'il cause, il se crée des ennemis, et se prive de la protection à laquelle a droit tout honnête homme. Il est, pour ainsi dire, obligé de vivre seul, isolé au sein de la société ; car on l'évite avec soin, et, s'il conserve encore quelques rapports avec les hommes, il est toujours reçu avec crainte et défiance. Il est malheureux ; car il n'y a pas d'état plus triste que celui de l'homme qui se voit méprisé par ses semblables.

— *D. Peut-on facilement éviter de commettre des actes d'injustice?*

R. Il n'y a pas de situation où l'homme ne soit exposé à léser son semblable ; car l'injustice ne consiste pas seulement à attaquer les intérêts matériels d'autrui, mais encore, son honneur, sa réputation, ses opinions, ses idées et ses goûts. La vie est semée d'écueils, qu'il est bien difficile d'éviter, si l'on n'est profondément imbu des principes d'une saine morale.

— *D. Quels sont ceux qui sont les plus exposés à blesser les règles de la justice?*

R. Ceux qui sont appelés, par leur état, à faire respecter la justice. Un juge étant chargé de redresser les torts, et de faire réparer les dommages, marche sur un terrain scabreux ; il est à chaque instant exposé à rouler dans le précipice, si son cœur n'est revêtu d'une cuirasse impénétrable, qui le mette à couvert des influences de toute nature qui l'assiègent, ou s'il ne réunit pas les conditions nécessaires pour remplir dignement ses fonctions. Il vaudrait mieux être attaqué par des brigands, au fond des forêts, que de tomber entre les mains d'un juge inique ; car on peut essayer de se défendre contre les premiers, tandis que le second peut nous vaincre impunément.

— *D. Quelles sont les conséquences de l'injustice?*

R. La justice, étant la base de toutes les vertus, en violer la règle, c'est saper les fondements de l'édifice social, c'est détruire la sécurité, la paix et la tranquillité des citoyens, c'est porter le trouble, le découragement au sein des familles et bannir l'harmonie, sans laquelle il n'y a pas de bonheur possible.

— Un juge doit fermer les yeux et les oreilles, et ne consulter que sa conscience.

— Une injustice faite à un seul est une menace faite à tous.

— On supporte la rigueur, on s'irrite contre l'injustice. LÉVÊQUE.

— Les hommes n'ont jamais cueilli le fruit du bonheur sur l'arbre de l'injustice.

— L'une des injustices les plus communes, est de vouloi que nos inférieurs se conforment à nos goûts, à nos opinions, à nos idées.

CHAPITRE II

Du vol.

— *D. Qu'est-ce que le vol?*

R. Le vol, fils aîné de l'injustice, est un acte criminel par lequel, par ruse ou par force, on s'empare du bien d'autrui.

— *D. Quel est le caractère du vol?*

R. C'est un vice abominable et dégradant, dont les conséquences sont funestes pour son auteur et pour la société.

— *D. Pourquoi dites-vous que le vol a des conséquences funestes pour son auteur?*

R. Parce que, rarement l'homme jouit longtemps en paix du fruit d'une mauvaise action qui a toujours pour conséquence les remords, le déshonneur, la honte ou la prison.

— *D. Quelle est l'influence du vol sur la société?*

R. Le vol trouble le repos des citoyens, dont les biens sont menacés.

— *D. Quelle est la source d'une si funeste passion?*

R. Très souvent la mauvaise éducation, les mau-

9.

vais exemples, les sociétés dangereuses; plus souvent la paresse et le libertinage.

— *D. Comment la paresse conduit-elle au vol?*

R. Celui qui ne cherche pas ses moyens d'existence dans quelque industrie, est obligé d'avoir recours au vol, et celui qui a dépensé toute sa fortune dans la débauche, étant incapable de subvenir à ses besoins les plus urgents, par le travail, dont il a perdu l'habitude, n'a d'autre ressource que de voler, vu que personne n'a pitié de lui, et ne veut aller à son secours.

— *D. Comment regarde-t-on le voleur?*

R. Comme un homme dangereux, dont on doit se méfier, comme un membre gangrené, qui jette le trouble dans la société, et dont on doit se débarrasser.

— *D. Est-ce voler que de s'approprier des choses de peu de valeur?*

R. Oui, le vol, de quelque importance qu'il soit, est une infraction des règles de la justice.

— *D. Cette passion acquiert-elle des forces par la pratique?*

R. Oui, car il est bien probable que les plus grands voleurs ont débuté par de petites filouteries, avant d'arriver à des vols importants.

— *D. Quels sont les actes qui constituent le vol?*

R. On doit considérer comme vol, non seulement l'action de s'approprier, par adresse ou par force le bien d'autrui, mais encore la mauvaise foi dans le commerce, l'usure, l'escroquerie, les banqueroutes frauduleuses et le refus de payer ses dettes.

On peut encore qualifier de vol tout acte qui attaque l'honneur, la réputation de ses semblables, et tout ce qui peut les troubler dans la jouissance de leurs biens ou de leurs droits.

— *D. Tous les actes qui constituent le vol sont-ils également répréhensibles ?*

R. Le vol acquiert plus ou moins de gravité, suivant les circonstances qui l'ont motivé. Celui qui, par paresse ou pour satisfaire une passion, a contracté cette funeste habitude, et s'en est fait une profession, est bien plus coupable qu'un père, par exemple, qui volerait un morceau de pain pour ses enfants. Voler une somme quelconque à un pauvre, c'est un délit plus grand que de voler la même somme à une personne riche.

La loi, dans l'impossibilité d'apprécier à l'avance toutes les circonstances qui ont déterminé le vol, a dû établir une règle uniforme, pour sa répression ; mais le juge peut et doit peser dans la balance de la conscience, les causes et les circonstances, et graduer la peine, suivant la gravité de l'acte.

— *D. Ne sommes-nous pas tous solidairement responsables de bien des actes qui troublent la société ?*

R. Il est bien certain que si la société avait une organisation plus parfaite, si nous étions tous animés de sentiments de charité et de bienfaisance, si nous tendions plus généreusement la main à l'indigence, si nous savions verser le baume de la consolation dans les cœurs ulcérés par la misère, on éviterait à bien des malheureux l'affreuse nécessité de devenir inévitablement criminels ; pour remplir une obligation que la nature leur a imposée.

Quant à ceux auxquels le vice a fait contracter cette honteuse habitude, il est plus difficile de les justifier ; cependant, ne pourraient-ils pas rejeter une grande partie de leur responsabilité sur l'éducation qu'ils ont reçue, sur la négligence des parents ou de ceux qui avaient été chargés de former leur cœur, d'y graver les sains principes de la morale, en un mot, sur la société ?

Que la société pratique, d'un côté, la bienfaisance, de l'autre, qu'elle s'occupe sérieusement de l'éducation de la jeunesse, elle ne se verra pas dans la triste obligation de recourir à des mesures violentes. Les lois répressives sont insuffisantes, il faut des lois préventives. Otez la cause, et vous ne serez pas obligés de sévir contre les effets.

— Le vol est le fils de la paresse, de l'inconduite, et le père de la honte.

— Le vol ne peut prendre naissance que dans une âme basse et dans un cœur étranger à tout sentiment de justice et d'honneur.

— Celui qui a ce vice dégradant a honte de lui-même, il se cache dès qu'il entend prononcer le nom de voleur.

— Bien mal acquis s'en va de même. BENOIT XIV.

— C'est une perte qu'un gain fait aux dépens de sa réputation. P. SYRUS.

CHAPITRE III.

De l'assassinat et de la cruauté.

— *D. Quelle idée devons-nous avoir de l'assassinat?*

R. Nous devons le regarder comme le crime le plus horrible que l'on puisse commettre ; parce qu'il enlève à l'homme ce qu'il a de plus précieux, la vie, et que celui qui le commet s'arroge un droit qui n'appartient qu'à Dieu.

— *D. Quelles sont les conséquences de l'assassinat?*

R. Outre l'énormité de l'acte en lui-même, il arrive souvent que la mort de la victime jette dans la misère des familles entières, plonge dans le désespoir une épouse et des enfants, qui n'avaient en ce monde d'autre appui que celui qui leur a été enlevé.

— *D. Quel châtiment mérite l'assassin?*

R. Supposant que la société ait le droit d'ôter la vie à un de ses membres, l'assassin mérite la mort. Elle doit, au moins, le rejeter de son sein, pour le mettre dans l'impossibilité de faire d'autres victimes.

— *D. L'assassin ne parvient-il pas souvent à se dérober à la justice humaine?*

R. S'il réussit quelquefois à éviter la rigueur de la loi des hommes, il peut être assuré qu'il n'échappera pas à celle de Dieu.

— *D. Quel est le sort de l'assassin dans cette vie?*

R. Outre l'incertitude de l'avenir, qui le torture, il porte en lui-même un juge inexorable qui ne lui laisse aucun moment de repos. Sa conscience met, à tous les instants sous ses yeux un tableau dans lequel il voit l'énormité de son crime. La vue continuelle du sang qu'il a versé le poursuit, l'assiège, l'obsède, et ne lui laisse pas un instant de relâche. Pour lui, la vie est un fardeau qui l'écrase; il ne voit autour de lui que des témoins accusateurs. La vue d'un gendarme le fait trembler; il n'ose lever la tête, de crainte qu'on ne lise son crime sur son front; le moindre bruit qu'il entende trouble son repos, et lui cause un frisson glacial; il n'y a plus pour lui ni diversions, ni plaisirs, ni calme; les mets n'ont plus de saveur, le sommeil est troublé par une continuelle et pénible insomnie, ou rempli de visions lugubres, de spectres menaçants.

Pour mettre un terme à son martyre, il appelle la mort; mais elle lui apparaît plus menaçante; car c'est le passage qui conduit au tribunal, devant lequel tous les crimes sont mis à découvert. Il invoque le néant cette funeste illusion du coupable s'évanouit, et se change en une affreuse réalité.

— *D. Qu'est-ce que la cruauté?*

R. La cruauté est une disposition de l'âme qui nous porte à faire souffrir nos semblables, ou à trouver du plaisir dans leurs souffrances.

— *D. N'y a-t-il que ceux qui font souffrir des tortures, ou qui se réjouissent des maux de leurs semblables qui méritent le titre de cruels?*

R. C'est encore être cruel que de souhaiter du mal à quelqu'un, pour satisfaire un désir de vengeance ou toute autre passion.

— *D. N'y a-t-il pas encore d'autres espèces de cruauté?*

R. On peut traiter de cruel un mauvais époux, un père despote ou un maître tyrannique, s'ils ont l'habitude de maltraiter une épouse, des enfants ou des domestiques, ou de leur refuser les égards, les soins ou les aliments nécessaires.

— *D. Quels sentiments nous inspire un homme cruel?*

R. Un sentiment de crainte, de répulsion, de mépris et d'exécration.

— *D. Que penser de ceux qui maltraitent les animaux?*

R. Qu'ils méritent aussi le titre de cruels; car, quoique les bêtes ne soient pas nos semblables, elles ne sont pas moins des êtres vivants, sensibles à la peine et souffrant comme nous.

— *D. De combien de manières peut-on maltraiter les animaux?*

R. En les battant avec excès; en leur faisant souffrir la faim ou la soif, sans nécessité; en les soumettant à des travaux supérieurs à leurs forces.

— *D. Dieu n'a-t-il pas créé les animaux pour que nous en disposions à volonté?*

R. Il a, sans doute, créé les animaux pour notre usage; mais il nous défend d'abuser de notre pouvoir ou de notre force. Ne font-ils pas assez en mettant à notre service leur adresse et leur force, en nous livrant leur toison pour nous vêtir, leur peau pour nous chausser, et leur chair pour nous nourrir? Le cœur de l'homme peut-il être assez cruel, pour martyriser inutilement des serviteurs si dociles et si dévoués?

— *D. Que penser de ces fêtes sanglantes que l'on a instituées pour procurer une diversion au peuple, telle que les combats de taureaux en Espagne et ceux des coqs en Angleterre?*

R. Que ce sont des spectacles horribles, un reste de barbarie, qui disparaîtra, lorsque la civilisation aura adouci le cœur de l'homme, mais qui mérite la censure de toute âme sensible.

— *D. Ce que nous venons de dire ne porterait-il pas à croire que les animaux sont doués des mêmes prérogatives que l'homme; qu'ils ont la même faculté d'appréciation, la même manière de penser, de comprendre, de sentir et de raisonner que lui?*

R. Sans établir ici aucune comparaison entre les facultés de l'homme et celles des animaux, nous croyons, que, comme les hommes, ils sont soumis aux péripéties et aux contingences de la vie ; qu'ils ont leur sensibilité, leurs impressions, leurs peines et leurs plaisirs. Par leurs caresses, ils manifestent leurs joie : leurs gémissements sont l'expression de leurs peines. Comme nous, ils éprouvent la faim, la soif, la fatigue et la douleur ; ainsi que l'homme, ils ont des qualités et des défauts, et, quoiqu'ils n'aient pas la responsabilité de leurs actes, nous osons presque dire qu'ils ont leurs passions, leurs vertus et leurs vices. Ils gardent le souvenir du mal qu'on leur fait, et savent s'en venger ; par leurs caresses, leur docilité et leur soumission, ils manifestent leur reconnaissance pour les bons traitements qu'ils ont reçus.

Une semblable théorie fera, sans doute, traiter notre opinion de sensiblerie; (expression dont on se sert pour ridiculiser l'un des plus beaux sentiments de l'âme) peu nous importe ; nous aimons mieux pêcher par cet extrême. Nous n'en conclurons pas moins que l'indifférence pour le sort des animaux, est la marque certaine d'un cœur froid, d'une âme insensible, et que celui qui a le cœur dur pour les animaux, l'a rarement tendre pour ses semblables,

— *D. Que doit-on enseigner aux enfants?*

R. Qu'ils doivent être doux et sensibles, humains et compatissants, même envers les animaux.

— *D. Peut-on connaître le caractère de l'homme par les goûts et les inclinations de l'enfance?*

R. Oui : l'enfant qui se plaît à vexer ou tourmenter ses semblables, et qui aime à faire souffrir les animaux qui tombent entre ses mains, sera, à coup sûr, cruel, étant homme.

Le cœur de l'homme qui se trempe dans les larmes et le sang, devient dur comme l'acier.

— L'enfant qui tyrannise son chien, tyrannisera sa famille ou sa patrie. PYTHAGORE.

— Rien de plus barbare que de chercher son plaisir dans le supplice d'un être vivant. GRIMM.

— L'âme se dévoile dans les yeux : une niche cruelle présage un crime.

— La cruauté qu'on exerce envers les animaux, n'en est que l'apprentissage envers les hommes. DE ST. PIERRE.

CHAPITRE IV.

De l'orgueil et de la vanité.

— *D. Qu'est-ce que l'orgueil?*

R. C'est une idée trop avantageuse de nous-mêmes, qui nous fait regarder les autres avec dédain ou avec mépris.

— *D. Sur quoi l'homme peut-il baser son orgueil?*

R. Sur les avantages qu'il a reçus de la fortune, ou sur les dons qu'il tient de la nature.

— *D. L'orgueil qui se base sur ses avantages et sur ses dons, est-il bien fondé?*

Il est d'autant plus mal fondé, que cela ne constitue aucun mérite pour lui. L'homme n'a rien qu'il n'ait reçu gratuitement de Dieu. C'est plutôt une faveur qui doit exciter sa reconnaissance, qu'un mérite qui puisse autoriser son orgueil. Il n'est même pas sûr de pouvoir conserver la possession de ces avantages. Les riches tombent souvent dans la misère, et ceux qui se glorifient d'une vaine beauté, peuvent devenir difformes. L'homme n'est pas plus autorisé à se faire gloire de ses qualités naturelles, que la montre de sa régularité.

— *D. Peut-on s'enorgueillir de sa naissance?*

R. Se glorifier de la noblesse de ses ancêtres, c'est chercher dans les racines le fruit qu'on devrait trouver dans les branches.

— *D. Quels sont en général ceux qui sont les plus enclins à l'orgueil?*

R. Les ignorants, ceux qui ont le moins de mérite. L'homme qui a un mérite réel, se cache ; on ne le distingue que par ses œuvres ; ceux qui se sont élevés de la misère à l'opulence, car, peu habitués aux avantages de la fortune, ils se laissent éblouir par son éclat, et en conçoivent un orgueil ridicule. Ceux que la fortune a tirés de la boue se guindent sur des échasses de peur d'y retomber.

— *D. Quels sont les vices qui accompagnent ordinairement l'orgueil?*

R. L'insensibilité, la présomption, l'ingratitude. Plongé dans la contemplation de sa propre personne ou de sa fortune, l'orgueilleux regarde avec indifférence et mépris tous ses semblables ; son cœur est inaccessible à tout sentiment de charité, de bienfaisance ; il regarde avec dédain les services qu'on lui rend ; il croit qu'on n'a fait que son devoir. Se croyant supérieur à tout le monde, il n'admet ni observations ni conseils ; aussi est-il souvent puni par où il a péché. Sa présomption lui fait commettre des fautes qu'il aurait pu éviter, en écoutant les conseils qu'il a méprisés.

L'orgueil, à le considérer en lui-même, indépendamment de ses conséquences, est contraire à l'amour du prochain et au respect du droit. Le droit suppose l'égalité, que l'orgueil repousse avec horreur. L'amour du prochain exclut l'égoïsme, dont l'orgueil est, en quelque sorte, la plus haute expression. On peut donc dire que l'orgueil est la lèpre de la société.

— *D. Quels sentiments inspire l'orgueilleux ?*

R. Des sentiments de pitié, d'indifférence et même de répulsion. La prétention au mérite, prouve qu'il n'en a aucun. On peut le comparer au dahlia, qui étale à nos yeux de brillantes couleurs, mais est entièrement dépourvu d'odeur.

— *D. Quel est le sort de l'orgueilleux dans la société ?*

R. L'envie et la haine dérivent ordinairement de l'orgueil. L'orgueilleux, ne voyant dans le monde que lui seul, et rapportant tout à lui, rencontre à chaque pas d'humiliantes résistances, des froissements d'amour-propre, qui finissent par se traduire en haine. S'étant aliéné la sympathie et la bienveillance générales, il se trouve obligé de restreindre le cercle de ses relations ; ses connaissances, ses amis même, fatigués de son dédain, se retirent, ou deviennent ses ennemis ; il finit par se voir entièrement isolé, délaissé. Alors il paie toutes les humiliations qu'il a fait souffrir ; c'est la peine du talion.

— *D. Qu'est-ce que la vanité ?*

R. La vanité est une espèce d'orgueil basé sur des choses frivoles ou étrangères. L'orgueil fait que nous nous estimons, la vanité, que nous voulons être animés.

— *Que dénote la vanité ?*

R. Une intelligence bornée, qui se glorifie d'une futilité au mérite de laquelle elle n'a contribué en rien; faire, par exemple, parade d'un costume élégant, d'une étoffe précieuse, c'est absolument ridicule; tout le mérite que peuvent avoir ces objets appartient au tailleur, à la modiste, ou au fabricant, et non à celui qui les porte. Un mannequin a-t-il plus de mérite, parce qu'il est couvert d'oripeaux? Un voleur, un assassin deviendra-t-il un honnête homme, parce qu'il s'habille avec élégance, qu'il a un équipage de luxe? L'homme ne doit se glorifier que du bien qu'il a fait, ou de ce qu'il a bien fait. Un peintre qui a produit un beau tableau, un architecte qui a tracé le plan d'un superbe monument, un auteur qui a écrit un ouvrage utile à l'humanité, peuvent s'en glorifier ; ce n'est pas là de la vanité ; la satisfaction qu'ils éprouvent est légitime. C'est la juste récompense de toute action louable; mais une action est d'autant plus digne d'éloge, que son auteur paraît moins s'en glorifier.

— *D. Que produit la vanité ?*

R. L'ostentation, le luxe, la mignardise, vices qui couvrent de ridicule, ternissent toutes les autres qualités et aliènent l'estime et la considération de ses semblables.

— Les infirmités et les turpitudes humaines devraient nous dégoûter de l'orgueil.

— Les têtes humaines, comme les épis de blé, sont altières étant vides, et penchent quand elles sont bien remplies.

— Il est singulier que la vanité si bouffie, si tapageuse se loge toujours dans les plus petites têtes.

— L'homme vain n'est jamais libre, le monde, l'opinion, un regard l'asservissent, il est esclave de quiconque le voit.

— La peine la plus sensible qui puisse s'infliger à la vanité, c'est la dédaigneuse inattention.

— La plus sotte occupation est de s'adorer dans une glace.

CHAPITRE V.

Du luxe.

— *D. Qu'est-ce que c'est que le luxe?*

R C'est un excès de recherche dans les jouissances de la vie.

— *D. Quelles sont les limites du luxe?*

R. Le luxe commence là où le besoin finit, et se termine à la ruine de sa victime.

— *D. Quelles sont les exigences du luxe?*

R. L'homme luxueux ne se contente pas des jouissances modérées que lui procure une modeste aisance. Sans consulter les régles de la modération, ni les intérêts de la famille, il fait des dépenses excessives pour satisfaire un caprice, se procurer des jouissances superflues, ou pour contenter sa vanité. Il lui faut un logement splendide, richement meublé, une table somptueuse, des mets exquis, des habits précieux et à la dernière mode. Enfin, il ne peut respirer et vivre que dans une atmosphère dans laquelle il puisse donner satisfaction à tous ses désirs et jouir de toutes les délices de la vie.

— *D. Quelles sont les conséquences ordinaires du luxe?*

R. La misère et le malheur; car celui qui se crée des besoins factices, qui n'a pas assez de force pour dominer ses goûts, ses caprices, qui occasionnent des dépenses journalières, se prépare des privations et des regrets, s'il arrive à ne plus pouvoir satisfaire des jouissances qui lui sont devenues indispensables.

— *D. Quel est alors son sort?*

R. Après avoir épuisé toutes ses ressources en folles dépenses, il est obligé d'avoir recours à l'emprunt; mais hélas! la force de l'habitude a bientôt englouti ce secours passager. Alors, il reste couvert de honte, déshonoré, et plongé dans une extrême misère, après avoir tout dévoré, au préjudice d'une épouse éplorée et de pauvres enfants, qui seront privés des moyens d'existence et de l'éducation qui correspondait à l'ancienne position de la famille.

— *D. Le luxe est-il interdit à celui qui jouit d'une grande fortune?*

R. La morale ne condamne pas le luxe, mais elle en règle l'usage. Celui qui possède une grande fortune, peut se procurer des commodités en rapport avec ses moyens; car les dépenses du riche font la richesse du pauvre. Il doit bien se garder, toutefois, de faire ostentation de ses jouissances; car le faste de l'opulence est une cruelle ironie pour l'indigence.

D'un autre côté, il est bien à craindre que la satisfaction de tous les désirs ne tarisse, dans le cœur de l'homme, tous les sentiments d'humanité et de bienfaisance. Celui qui est enseveli dans les plaisirs, s'arrête rarement à penser aux besoins et aux privations de l'indigence.

La morale condamne le luxe, quand il ne sert qu'à satisfaire la vanité, l'ostentation, à fomenter des passions criminelles, et quand il engloutit sans nécessité des sommes énormes, sans penser qu'une faible partie de ce qu'on prodigue inutilement, suffirait pour essuyer bien des larmes, et porter la consolation au sein de beaucoup de familles, qui n'ont pas de pain.

— D. Quelles sont, en général, les conséquences du luxe pour la société?

R. Il corrompt les mœurs, en inspirant l'amour effréné des plaisirs que l'on ne peut, souvent, se procurer qu'au détriment de la morale et de la vertu. Il est la source d'une infinité de désordres, tels que l'iniquité du juge, la vénalité du témoin, l'infidélité de l'administrateur et la corruption du fonctionnaire public. S'il ne détruit pas les vertus sociales, du moins, il les ébranle toutes.

— D. Le luxe fait-il aussi sentir ses effets au sein de la famille?

R. Oui, et ses effets sont funestes, il altère les vertus de l'homme et le rend efféminé; par le luxe les femmes deviennent coquettes et débauchées; c'est un funeste exemple, pour les enfants qui, suivant les traces de leurs parents, tomberont dans les mêmes errements, et seront réduits à la misère, conséquence rigoureuse de la prodigalité et du désordre.

— *D. Quelle idée a-t-on de l'homme luxueux?*

R. Le fastueux est nécessairement petit, sot et ridicule, a dit un auteur.

— Le luxe corrompt tout, et la riche qui en jouit, et le misérable qui le convoite. J.-J. Rousseau.

— L'habitude rend nécessaire ce qui est superflu : de là vient la pauvreté du riche.

— Quiconque vendra le superflu, vendra bientôt le nécessaire. Franklin.

— Le luxe s'étale plutôt par vanité que par jouissance.

— L'avare est quelquefois homme d'esprit, le fastueux est presque nécessairement un sot. Mme de Somery.

— Les consommations en superfluités sont un crime contre la société. Mirabeau.

CHAPITRE VI.

De la colère

— *D. Qu'est-ce que la colère ?*

R. La colère est une violente émotion de l'âme, qui nous fait repousser brutalement ce qui nous offense ou nous déplaît. Le catéchisme en fait un péché capital ; l'expérience nous montre que c'est un ridicule. Elle n'inspire que l'injustice et l'erreur, et donne toujours le désavantage à celui qui s'y laisse aller.

— *D. Que peut-il résulter d'un mouvement de colère ?*

R. Au paroxysme de son emportement, l'homme étant incapable d'écouter les conseils de la raison, peut se porter aux actes les plus insensés, dont les conséquences sont toujours funestes pour lui et pour les autres.

L'homme qui se laisse dominer par la colère, sacrifie à sa passion le calme et la tranquillité, dans le présent, et se prépare des remords pour l'avenir.

— *D. Quelles sont les conséquences de la colère pour la société?*

R. Elle excite les disputes, la haine, et provoque la vengeance, elle est par conséquent la source d'éternelles inimitiés, qui troublent la paix de la société.

— *D. L'homme colérique peut-il être heureux?*

R. Non, le sujet le plus léger le trouble, l'irrite, le met en fureur. Dans son aveuglement, il ne connaît plus personne, il ne respecte ni la raison ni les droits ni la justice ; il perd ainsi l'amitié, l'estime et la sympathie de tout le monde; il se trouve complétement isolé, et par conséquent malheureux. Le bonheur ne se trouve que dans la paix de l'âme, qui est inconciliable avec la colère.

— *D. Que se passe-t-il dans la maison d'un homme colérique?*

R. La vie la plus triste pour toute une famille qui se voit continuellement dans les angoisses et dans la frayeur, redoutant les terribles accès de sa honteuse passion ; un triste tableau d'amertume, où ne brille jamais un rayon de gaieté, un moment d'expansion, où le cœur ne peut jamais jouir d'un instant de calme. La terreur qu'inspire un tel homme, est peinte sur la figure de l'épouse, des enfants et des domestiques, qui ne peuvent respirer à l'aise qu'en son absence.

— *D. Les personnes colériques ne peuvent-elles*

pas dire, comme palliatif, qu'elles n'ont pas de rancune et qu'elles oublient aussitôt tout ce qui a été dit ou fait ?

R. Cela se conçoit très-bien, le souvenir de leur emportement ne saurait leur être agréable; mais ceux qui l'ont subi sont-ils tenus d'avoir aussi peu de mémoire ? C'est pour eux que l'oubli serait un mérite; mais c'est à eux qu'il est le plus difficile.

On dira encore que les paroles échappées, dans un moment de vivacité, n'étaient pas dans la pensée; mais comment auraient-elles échappé, si elles n'y eussent pas été ? On ne peut manifester que ce qui est dans l'esprit.

— *D. Y a-t-il quelques cas où la colère soit légitime ?*

R. A la vue d'un crime, d'une injustice ou d'un acte qui peut nuire à nos semblables, ou troubler la paix de la société, il est permis, non de se livrer à la colère, mais à une vive indignation. L'indifférence dans ce cas, serait condamnable.

— *D. La colère est-elle blâmable, quand il s'agit de détruire quelque erreur ou d'inculquer quelque vérité ?*

R. Vouloir inculquer une vérité ou détruire une erreur par la brutalité, c'est faire fausse route. Vouloir conduire à la persuasion par des cris et des vociférations, c'est frapper une harpe à coups de marteau, pour en tirer des sons doux et harmonieux. Un ouragan, accompagné d'éclairs et du tonnerre, porte l'effroi et la consternation dans les champs, sans les fertiliser; tandis qu'une douce rosée, que nous envoie un léger nuage, donne la vie à la campagne, la fraîcheur aux plantes et aux fleurs; de même, un raisonnement calme se glisse doucement dans les cœurs et y porte la conviction.

— *D. Quel est le devoir des parents relativement à ce défaut ?*

R. Ils doivent réprimer, dès l'âge le plus tendre, la disposition à la colère, qui se manifeste dans leurs enfants ; leur inspirer de l'horreur pour ce vice, en leur en faisant connaître les funestes conséquences.

— Agir dans la colère, c'est s'embarquer pendant la tempête.

— La frénésie de l'amour et de la colère change l'homme en bête féroce.

— Où la colère a semé, c'est le repentir qui recueille. MANZONI.

— Se mettre en colère c'est se punir des fautes d'un autre.

CHAPITRE VII.

De la vengeance.

— *D. Qu'est-ce que la vengeance?*

R. C'est une disposition de l'âme qui nous porte à rendre le mal pour le mal. C'est une justice sauvage, dit Bacon.

— *D. Quel effet produit la vengeance?*

R. Celui qui cherche à se venger d'une offense, arrive à un résultat diamétralement opposé à celui qu'il se propose. D'abord, il procure à son ennemi la satisfaction de voir qu'il est arrivé au but qu'il désirait atteindre; en second lieu, bien loin de guérir la blessure qu'il a reçue, il ne fait que l'envénimer, et la rendre incurable. Prétendre obtenir la réparation d'une offense par la vengeance, c'est vouloir éteindre un incendie en y jetant des matières inflammables. Le pardon est la plus noble et la plus efficace des vengeances.

— *D. Mais le pardon n'est-il pas plus propre à provoquer d'autres offenses qu'à guérir la première?*

R. L'homme, quelque pervers qu'on le suppose,

voyant que l'offensé lui accorde un généreux pardon, commence par sentir dans son cœur le remords, qui lui fait voir la laideur de son action : le regret suit de près; enfin pressé par l'inspiration, il vient souvent lui faire l'aveu de sa faute, et le supplier d'oublier son égarement ; ainsi il s'en fait un ami pour toujours.

— *D. A qui appartient le droit de tirer vengeance d'une offense?*

R. Il y a des circonstances où l'offense est tellement grave, qu'elle peut compromettre les intérêts, l'honneur et le repos de celui qui en est victime; dans ce cas, les tribunaux ont le droit et le devoir d'exiger une réparation publique; mais si elle est légère, on doit la mépriser, et, tout en pardonnant, avoir compassion de l'aveuglement de son auteur. Le meilleur moyen de se venger de ses ennemis, est de les surpasser en talents et en vertus. Quand on se venge, on est juge dans sa propre cause, il est bien difficile de ne pas dépasser les limites de la justice, en redemandant plus qu'il n'est dû.

— *D. N'y a-t-il pas une autre manière de se venger plus noble et en même temps plus efficace que le simple pardon?*

R. La vengeance la plus noble, et en même temps la plus puissante, consiste à faire du bien à celui qui nous a fait du mal ; c'est le forcer à rougir, sans lui faire des reproches, c'est l'obliger à se repentir, et le mettre dans l'impossibilité de recommencer.

— *D. N'y-a-t-il pas d'autres raisons qui nous portent à ne pas nous venger?*

R. Pour peu que l'on réfléchisse, on reconnaît que la vengence n'est que l'effet d'un faux calcul, qui ne nous offre que de mauvais résultats. Par la vengeance, on se rabaisse au niveau de ses ennemis. Puisque leur conduite nous inspire de l'horreur, comment pouvons-nous avoir l'idée de l'imiter, et de faire du mal à des êtres que nous estimons plus méchants que nous?

Si nous nous plaçons au point de vue purement humain, la raison, la justice et notre propre dignité nous interdisent la vengeance; mais si nous avons foi en un être suprême, comment osons-nous prendre sa place, et nous ériger à la fois en juges et bourreaux? Nous devons lui abandonner le soin de nous venger : lui seul peut apprécier la gravité de l'offense, et, par conséquent, tenir entre nous une juste balance.

D'un autre côté, nous avons nous-même tant besoin de sa miséricorde, qu'il ne nous appartient pas de faire appel à sa sévérité pour les autres. Le pardon est donc aussi impérieusement commandé par notre intérêt que par notre devoir.

— Confiez votre vengeance à la fortune : rarement un coupable lui échappe.

— On peut s'élever au-dessus de ceux qui nous insultent, en leur pardonnant. BONAPARTE.

— Lave l'injure que tu as reçue, non dans le sang, mais dans le Léthé. PYTHAGORE

— Le plus sûr moyen de se défaire d'un ennemi, est de s'en faire un ami. HENRI IV.

— Imitez ces coquillages bienfaisants, qui enrichissent de leurs perles ceux qui leur arrachent la vie. LE CORAN.

CHAPITRE VIII.

De la mauvaise humeur.

— *D. Qu'entend-on par mauvaise humeur?*

R. C'est la disposition habituelle d'un caractère âpre, rude et brusque, qui se manifeste par des manières grossières, offensantes et injurieuses, et par un extérieur mécontent et maussade. C'est une disposition particulière aux esprits chagrins qui, toujours mécontents d'eux-mêmes, répandent leur bile sur ce qui les entoure.

— *D. Connaissant les avantages de la douceur, de la gaité et de l'amabilité, l'homme ne peut-il pas dominer son caractère?*

R. Chaque homme porte en naissant son humeur, qui forme, pour ainsi dire, une partie constitutive de son être; mais il en change à chaque impression qu'il reçoit. S'il est possible, il n'est pas toujours facile de neutraliser l'influence que la disposition physique exerce sur nous, et de nous dégager assez de la matière, pour conserver la pleine liberté de notre esprit; on ne peut espérer y parvenir, si l'on n'a pas le sang calme ou la volonté ferme.

— *D. Puisque l'humeur est une partie intégrante de notre être, n'a-t-elle pas droit à l'indulgence dans ses écarts ?*

R. S'il en était ainsi, il n'y aurait pas de vice qui ne pût invoquer le même privilège ; car tous nos défauts partent de la même source, c'est-à-dire qu'ils découlent d'une disposition naturelle mal dirigée. Il ne faut donc pas croire qu'un tempérament bilieux ou sanguin nous autorise à être maussades ou emportés, un tempérament nerveux, capricieux ou versatiles.

— *D. Comment se manifestent les travers d'un mauvais caractère ?*

R. Les vapeurs de la mauvaise humeur, comme celle des volcans, s'échappent par la moindre fissure qu'elles rencontrent. Un mauvais caractère se produit et éclate pour les causes et dans les circonstances les plus insignifiantes. La moindre contrariété, la plus simple contradiction le bouleverse ; un caractère altier le révolte, l'irrite, un caractère doux l'agace. Il faut que tout le monde lui cède en tout, et n'oppose aucune résistance à sa volonté, à ses opinions, à ses goûts ; celui qui ne pense pas comme lui est un insensé ; celui qui n'aime pas ce qu'il aime, n'a pas de goût. Si, par hasard, son front se déride, la satisfaction doit briller sur tous les visages ; s'il est en proie à un accès d'humeur noire, tout doit être triste autour de lui. En un mot, il se regarde comme le pivot autour duquel tout doit se mouvoir.

— *D. Quels sont les inconvénients de la mauvaise humeur?*

R. Elle altère les relations sociales, refroidit et finit par détruire l'amitié; enfin, elle produit l'isolement autour de celui qui a ce malheureux caractère.

— *D. Pourquoi dites-vous qu'il détruit l'amitié?*

R. Parce que l'amitié est une inclination du cœur vers les bonnes qualités; les bonnes qualités n'existant pas, cette inclination ne peut pas non plus exister.

— *D. Quel effet produit la mauvaise humeur dans le sein des familles?*

R. Elle désunit les époux, inspire aux enfants l'aversion pour leur parents; aux domestiques, de l'indifférence pour les intérêts de leurs maîtres, et à tous, le dégoût, l'ennui et le mécontentement.

— *D. Comment l'humeur peut-elle se modifier?*

R. Par l'éducation, d'abord; plus tard, par la raison qui, avec le temps, doivent triompher, chez l'homme, des instincts de l'animalité. La brute elle-même, sans être douée de raison, cède à l'influence de l'éducation. Elle se dépouille de son caractère indépendant, sauvage ou féroce, pour devenir soumise, douce et caressante: L'homme serait-il moins perfectible que l'animal?

— *D. A quel âge peut-on connaître le caractère de l'homme?*

R. Toutes les tendances de notre caractère se manifestent dès l'âge le plus tendre. Si les parents réprimaient avec soin et avec fermeté les fantaisies et les colères de leurs jeunes tyrans, et leur donnaient l'exemple d'une humeur toujours égale et de rapports affectueux, l'enfant, parvenu à l'âge d'homme, supporterait, avec beaucoup plus de facilité, les milles accidents de la vie ; il saurait que la mauvaise humeur et l'impatience ne diminuent en rien la contrariété, qu'elles n'apportent que le ridicule pour soi et l'ennui pour les autres.

— *D. Quelle est la marche progressive des effets de la mauvaise humeur?*

R. La mauvaise humeur mène à l'impatience, l'impatience à la colère, la colère à l'emportement, l'emportement à la violence, la violence au crime, et par cette gradation, il peut se faire qu'on aille d'un fauteuil à l'échafaud.

— *D. Quels sont les principes dont nous devrions être bien pénétrés?*

R. Deux principaux :

1° Que, quelle que soit la position de l'homme, il doit être affable, doux et bienveillant, s'il veut, être aimé et estimé.

2° Que le calme, l'indulgence, la douceur, un certain air de bonté et de jovialité sont un lien qui unit les hommes et contribue à leur bonheur.

— Les personnes hargneuses sont comme des buissons épineux ; on ne peut les approcher sans se blesser.

— L'humeur annonce plus souvent le secret mécontentement de soi-même que des autres.

— L'humeur est une eau trouble qui diminue l'éclat de ce qu'elle recouvre.

— La mauvaise humeur est un corrosif qui use le cœur et dépolit les mœurs.

— On se fait à la laideur, mais jamais à la mauvaise humeur, elle use tout. Mme de Puisieux.

CHAPITRE IX.

De l'avarice et de la Prodigalité.

— *D. Qu'est-ce que l'avarice?*

R. C'est un désir insatiable d'augmenter sa fortune, non pour en jouir, mais pour la satisfaction de la posséder.

— *D. Quelle est l'erreur de l'avare?*

R. C'est de considérer son or comme un bien réel, et non comme un moyen de vivre commodément, et d'être utile à son prochain; c'est de se croire le maître de sa fortune, tandis qu'il n'en est que l'esclave.

— *D. Qu'est-ce que l'avare?*

R. L'avare est un être égoïste, dur, vil et méprisable qui, pour assouvir la soif insatiable de richesse qui le dévore, est capable de commettre toute sorte de bassesses.

— *D. Comment vit l'avare?*

R. D'une manière mesquine, s'imposant toutes sortes de privations, refusant presque le nécessaire à sa femme et à ses enfants, pour augmenter sa fortune.

— *D. La possession de ses richesses peut-elle lui procurer le bonheur, la tranquillité?*

R. Nullement : on peut dire, à coup sûr, que l'avare n'a pas, en toute sa vie, un seul instant de bonheur; il n'amasse ses richesses qu'avec peine, ne les possède qu'avec inquiétude et ne les quitte qu'à regret.

— *D. Quel est l'effet moral que cette passion produit sur sa victime?*

R. Uniquement occupé à entasser son or; le cœur de l'avare a acquis la dureté de ce métal; il ne lui reste aucune sensibilité. La vue de la misère l'importune, car il craint d'être obligé de faire quelque sacrifice pour la soulager. Le forcer à ouvrir son coffre-fort, pour en retirer quelques pièces d'or, c'est lacérer son cœur: il aimerait mieux donner quelques gouttes de son sang. L'indigence, pour lui, n'est que le résultat de la paresse, et n'a aucun droit à la compassion. Faire la charité, c'est encourager le vice, c'est alimenter l'ingratitude. Tel est le raisonnement qu'il emploie, pour se dispenser de toucher à son trésor.

Rivé à ce métal, dont il fait son idole, l'avare ne trouve de jouissance que dans les privations qu'il s'impose et dans la contemplation exclusive de son or, Tout ce qui n'est pas or, n'est rien : vivre pour lui, c'est être riche; tout le reste, n'est qu'une vaine illusion. L'insensé! il n'a pas l'idée de la douce jouissance que procure un acte de bienfaisance, ni du prix des bénédictions qui découlent de la charité?

— *D. L'avare peut-il du moins compter sur la reconnaissance de ses enfants, dont il fera la fortune?*

R. Bien loin de là: ayant éprouvé toute sorte de privations, par la lésinerie de leur père, s'ils ne désirent pas sa mort, pour entrer plus vite en possession d'une fortune qu'ils convoitent, du moins ils nourrissent dans leur cœur des sentiments de rancune ou d'indifférence. Le jour où la mort de leur père met entre leurs mains une fortune qu'il a amassée par un travail opiniâtre et par les plus grandes privations, ils tombent dans l'excès contraire; ils deviennent prodigues, dissipateurs, et gaspillent en folles dépenses une fortune à laquelle le père avait sacrifié toute sa vie. *A père avare, enfants prodigues*, dit un proverbe.

— *D. Le cœur de l'avare est-il accessible à quelque vertu?*

R. Complètement dominé par sa passion, son cœur est fermé à tout sentiment qui pourrait la condamner. L'intérêt est comme la poudre que le démon jette aux yeux de l'homme, afin qu'il ne connaisse ni justice, ni devoir, ni honneur, ni une vertu quelconque.

— *D. L'avare peut-il parvenir à satisfaire complètement sa passion?*

R. Le cour de l'avare, comme le tonneau des

Danaïdes, est insatiable. — Plus il a, plus il veut avoir. L'amour et la vanité sont toujours ivres ; l'ambition et l'avarice ont toujours soif.

— *D. Qu'est-ce que le prodigue ?*

R. C'est un homme qui, faute d'ordre et de prévoyance, dépense étourdiment sa fortune et court à grand pas vers la misère.

— *D. Quel rapport y a-t-il entre l'avare, le dissipateur et le prodigue ?*

R. L'avare s'impose, par égoïsme, des privations qui ne profitent à personne. Le dissipateur gaspille follement sa fortune en vaines futilités. Le prodigue fait des dépenses qui ne sont pas en rapport avec sa fortune, mais qui peuvent être profitables à ses semblables ; car, on peut qualifier de prodigalité une générosité excessive. En un mot, l'avare est un être nuisible, le dissipateur un être inutile et le prodigue un être imprudent.

— *D. Quel est le caractère du dissipateur ?*

R. Le dissipateur est un esprit léger et superficiel, un cœur froid et insensible qui, occupé à se procurer toute sorte de jouissances, ne daigne pas baisser ses regards sur les besoins et les souffrances de ses semblables, et dépense en superfluités une fortune qui, bien administrée, pourrait lui assurer une existence aisée et soulager bien des misères.

— *D. Quelle est la fin du dissipateur ?*

R. Ne s'étant jamais occupé de personne, pendant la prospérité, personne ne s'occupe de lui, lorsque ses désordres l'ont réduit à la misère. Il s'est endormi dans l'indifférence, il se réveille dans la honte et le mépris; plongé dans le plus extrême dénuement, il se voit réduit à chercher au coin des bornes l'argent qu'il a jeté par les fenêtres; ses amis, ou plutôt ses compagnons de débauche, l'abandonnent; ce sont des ingrats qui croient que leurs basses condescendances, ont payé assez largement les plaisirs qu'il leur a procurés.

— Le métier le plus assujettissant, le plus dangereux, le plus long et le moins réellement profitable, est celui d'amasseur d'or.

— L'avare dérobe tout à ses besoins, pour enrichir son imagination.

— L'avare est la première preuve de la bassesse de l'âme.

— L'ambitieux et l'avare languissent dans une extrême pauvreté. LA BRUYÈRE.

— Le prodigue répand l'or comme le fumier, et l'avare ramasse le fumier comme l'or.

— Le désordre déjeune avec l'abondance, dîne avec la pauvreté, soupe avec la misère, et va se coucher avec la mort.

— Le désordre et les fantaisies font plus de pauvres que les vrais besoins. J.-J. ROUSSEAU.

CHAPITRE X.

De l'égoïsme et de l'ingratitude.

— *D. Qu'est-ce que l'égoïsme?*

R. L'égoïsme est un amour-propre exagéré qui fait que l'homme rapporte tout à lui, n'existe que pour lui seul, au préjudice des autres.

— *D. Quelle est l'origine de cette passion?*

R. L'égoïsme est le fond de notre nature, car il procède de l'instinct de conservation, qui protège la vie de tous les êtres.

— *D. Puisque l'amour de nous-mêmes nous est inspiré par la nature, ne peut-on pas dire qu'il est légitime?*

R. Cet amour n'est condamnable que lorsqu'il est exclusif. Nous pouvons et nous devons nous occuper de préférence de nos propres intérêts, et nous procurer la plus grande dose possible de bien-être; mais ce ne doit jamais être au détriment de nos semblables, au bonheur desquels nous devons aussi contribuer selon nos moyens.

— *D. L'égoïste exclusif est donc l'ennemi de l'humanité?*

R. On ne peut pas dire que l'égoïste déteste l'humanité : il ne hait pas plus qu'il n'aime; il n'y a que lui; pour lui, tout le reste des créatures sont des chiffres.

— *D. Quel effet produit l'égoïsme sur celui qui est atteint de cette maladie morale?*

R. C'est une espèce de narcotique qui assoupit les facultés de son âme, et détruit tous les nobles sentiments que la nature avait gravés dans son cœur. Ne voyant que son individualité, le prochain est pour lui un mot inconnu; il ne peut, par conséquent, avoir aucune idée des mots justice, charité, bienfaisance, compassion, ni d'aucune vertu sociale.

— *D. Quel est le rôle de l'égoïste dans la société?*

R. Il y joue un rôle purement négatif. Ne s'occupant que de lui-même, il est complètement indifférent à tout ce qui se passe autour de lui. Il n'a rien à voir dans les peines et les misères de ses semblables. Son cœur insensible ne lui inspirera jamais l'idée de leur tendre une main secourable. Il ne fera pas le moindre sacrifice, la plus simple démarche pour adoucir leurs maux il se gardera bien de solliciter pour ses amis, de peur d'user son crédit. Ce n'est pas sa faute s'il y a des malheureux : Voilà son excuse. L'égoïste mettrait le feu à la maison de son voisin, pour se chauffer.

— *D. L'homme n'a-t-il pas le devoir de détruire cette funeste passion?*

R. Il doit faire tous ses efforts pour s'affranchir de cette vieille attache qui le relie à l'animalité, parce que c'est un sentiment contraire à l'état social, auquel l'homme est destiné.

— *D. L'homme n'est-il pas personnellement intéressé à combattre cet ennemi?*

R. La multiplicité de ses besoins, et l'impossibilité où il est de se suffire à lui-même, le mettent dans la nécessité de recourir sans cesse au travail et au savoir des autres, et lui imposent l'obligation de leur prêter aussi son concours : s'il ne le fait, il se nuit à lui-même; car, en cherchant à tout absorber en lui, il détruit l'équilibre matériel et moral de tout ce qui l'approche.

— *D. Qu'est-ce que l'ingratitude?*

R, L'ingratitude est une violation des règles de la justice; car l'ingrat est un débiteur de mauvaise foi qui renie sa dette. Elle endurcit le cœur, tarit la source de la bienfaisance, et prive ainsi de secours bien des malheureux. Elle neutralise tous les nobles sentiments sans lesquels la société ne peut pas exister; en un mot, c'est le tombeau des vertus sociales.

— *D. L'ingrat ne peut donc pas être bienfaisant?*

R. Non : l'homme reconnaissant devient facilement bienfaisant; mais l'ingrat prétexte l'ingratitude pour se dispenser de faire le bien.

— *D. L'ingratitude est-elle un motif suffisant pour nous affranchir de l'obligation de faire le bien?*

Non : la bienfaisance, pour être méritoire, doit, comme nous l'avons déjà dit, être désintéressée. L'homme véritablement bienfaisant trouve une assez ample rémunération dans la satisfaction que procure toujours une bonne action. La crainte de l'ingratitude ne doit donc pas arrêter un bienfait. Il vaut mieux le laisser perdre dehors que de l'étouffer en soi. D'ailleurs, ne faut-il pas semer à la suite d'une mauvaise année?

— *D. A quoi peut-on comparer l'ingratitude?*

R. Le cœur de l'ingrat est semblable au désert qui boit avidement la pluie tombée du ciel, l'engloutit, et ne produit rien. Le cœur reconnaissant, au contraire, est comme une terre meuble, disposée à recevoir la semence qu'on lui confie et à la faire germer à la moindre rosée qui tombe.

— L'égoïsme raie des dictionnaires les mots, Dieu, patrie, prochain et les remplace par le mot : *moi*

— L'égoïsme entrave tout, arrête tous les progrès, en empêchant les hommes de se seconder les uns les autres.

— Un cœur égoïste ne peut échapper au tourment de l'envie. GŒTHE.

— L'égoïsme détruit nécessairement toute union : le *moi* et le *nous* sont inconciliables.

— Appeler quelqu'un ingrat, c'est lui dire la plus grande des injures.

CHAPITRE XI

De l'envie et de la jalousie.

— *D. Qu'est-ce que l'envie?*

R. C'est une passion qui fait que nous nous affligeons du bien qui arrive à nos semblables, quoi qu'il n'en résulte aucun mal pour nous. C'est un sentiment coupable, qui tourmente celui qui en est pénétré.

Il ne faut pas confondre *porter envie* avec *avoir envie*. On porte envie au bonheur de quelqu'un; on a envie de quelque chose. Le premier est un mouvement de jalousie, de vanité; le second un mouvement de cupidité ou de volupté; l'un est toujours condamnable, l'autre peut être innocent.

— *D. Quel est le premier effet de l'envie?*

R. Elle rend hideuses les personnes qui en sont atteintes; car, le rôle d'envieux ne peut se voiler qu'un temps; il finit par être connu et apprécié, et alors, le mépris et la honte sont le prix de sa passion. L'envie est la source de la médisance et de la calomnie.

— *D. L'envieux trouve-t-il quelque satisfaction dans sa passion?*

R. Un mauvais arbre ne peut porter de bon fruit. L'envieux est malheureux de son malheur et du bonheur d'autrui. L'envie et l'ambition causent dans le cœur un ulcère qui le ronge, aigrit tous ses sentiments et l'endurcit.

— *D. Que dénote l'envie?*

R. L'envie est une marque certaine d'infériorité. Celui qui n'a aucune vertu porte toujours envie à celle des autres.

— *D. Comment se manifeste l'envie?*

R. Malgré les soins que l'envieux prend pour cacher ce vice honteux, il transpire et se trahit, soit par ses actes, soit par ses paroles.

S'il ne cherche pas ouvertement à nuire à celui qui fait l'objet de son envie, du moins il n'a garde d'aller spontanément à son secours, s'il se trouve dans l'embarras.

S'il n'ose attaquer des actions louables, il affecte une noble franchise, un amour prononcé pour la vérité; il en fait l'éloge; mais il a soin de laisser entrevoir quelque circonstance qui en diminue le mérite.

S'il parle de la réputation ou de la fortune de quelqu'un, il tâche de mentionner quelque particularité peu favorable.

S'il veut dénigrer un fonctionnaire public, il masque ses attaques sous le nom du bien public et s'il ne peut espérer de détruire le mérite, il tâche au moins de faire naître le doute.

On peut comparer l'envie à ces insectes qui, se nourrissant de fruits, n'attaquent jamais que les plus savoureux. L'envie est à l'homme ce que la rouille est au fer; elle le consume, sans que personne n'y touche.

— *D. Qu'est-ce que la jalousie?*

R. La jalousie, sœur de l'envie, est la crainte d'être troublé dans la possession de ce que l'on aime, ou bien le chagrin de voir posséder, par un autre, un bien sur lequel on a, ou l'on croit avoir quelque droit.

— *D. Quelles sont les bases de la jalousie?*

R. La jalousie peut avoir pour élément la possession d'un bien matériel, ou d'un simple sentiment de sympathie, affection ou d'amour. Dans le premier cas, ce mal peut trouver un remède dans la modification de nos besoins, de nos goûts, de nos idées ou dans la possession d'un nouvel objet, qui peut nous offrir un dédommagement. Dans le second, le mal est presque incurable; car il y a un froissement d'amour-propre, qui est la partie la plus vulnérable du cœur humain; il y a violation du serment sacré et solennel que deux cœurs s'étaient fait.

— *D. Quels sont les effets de la jalousie?*

R. La jalousie torture celui qui l'éprouve, et froisse celui à qui elle s'adresse : c'est, peut-être, la seule passion qui ne procure aucune jouissance, et n'apporte aucun dédommagement aux peines qu'elle cause.

— *D. Quelle opinion a-t-on, en général, de celui qui est atteint de cette maladie morale?*

R. La société, qui n'est pas toujours juste dans ses appréciations et qui est rarement affectée par les évènements qui ne l'atteignent pas, est ordinairement disposée à tourner en ridicule le sort de celui qui est victime de la jalousie, sans même examiner si elle est ou non justifiée. On est instinctivement porté à s'en moquer; de même qu'un rire spontané s'empare de nous, lorsque nous voyons quelqu'un faire une chute.

— *D. Quel sentiment doit nous inspirer le sort de celui qui est victime de la jalousie?*

R. Bien que la jalousie soit injurieuse, blessante et même quelquefois mal fondée, lorsqu'on peut la croire inspirée par une affection sincère, on doit avoir la plus grande indulgence pour ceux qui en sont atteints, mettre tous les soins à ménager leur susceptibilité, et les plaindre, car ils sont malheureux.

— *D. N'y a-t-il pas une espèce de jalousie qui mérite d'être ridiculisée?*

R. Il y a des personnes qui, étrangères à tout sentiment affectueux, et n'ayant pour mobile que l'orgueil et la vanité, prétendent avoir droit à l'affection des autres, sans donner la leur, et sont jalouses de toute marque de sympathie qui ne s'adresse pas à elles. Ceux-là ne respirent que l'égoïsme et l'envie, et méritent l'isolement et le vide qui se font inévitablement autour d'eux.

— La véritable marque d'être né avec de grandes qualités, c'est d'être né sans envie. LA ROCHEFOUCAULT.

— L'envie puise un poison mortel dans les yeux de la joie. F. BACON.

— L'envie, la médisance et la susceptibilité sont le partage de la médiocrité et de la bêtise. DE LÉVIS.

— La jalousie, comme la jaunisse, fait tout voir sous de vilaines couleurs.

— La jalousie est un hommage maladroit que l'inférieur rend au mérite. LAMOTTE.

CHAPITRE XII.

De la médisance et de la calomnie.

— *D. Qu'est-ce que la médisance?*

R. C'est une propension condamnable qui nous porte à ternir la réputation de nos semblables, en dévoilant leurs défauts ou leurs fautes, sans nécessité.

— *D. Quelle est la source de la médisance?*

R. Quelquefois, c'est le fond du bavardage vide et oiseux des gens inoccupés qui, sans intérêt, sans motif, ni intention déterminée, prennent pour thème de leur conversation tout ce qui se dit, ou se fait autour d'eux. Passant d'un sujet à l'autre, après avoir parlé de choses futiles ou innocentes, on entre dans le champ des personnalités, des ridicules et des vices de la société; insensiblement on se laisse aller à censurer, à critiquer, et l'on finit par attaquer impitoyablement la chose la plus délicate, la plus précieuse, la réputation. Souvent aussi la médisance découle d'une source encore moins pure; elle est inspirée par la jalousie, par l'envie, ou par un désir de vengeance, ce qui lui donne un nouveau degré de gravité.

— *D. Quelle importance peuvent avoir ces conversations, supposant qu'elles ne sont inspirées par aucune mauvaise intention?*

R. Si la médisance se bornait à son rôle de rapporteuse indiscrète, mais véridique, une conduite irréprochable pourrait en neutraliser l'effet; mais, malheureusement, celui qui raconte veut amplifier, embellir son récit, déterminer les causes et tirer des conséquences: chacun y met un peu du sien; de sorte que, passant de bouche en bouche, la boule de neige se forme, la question grossit, et l'on arrive peu à peu sur le terrain des jugements téméraires et de la calomnie.

Les auditeurs s'empressent de colporter à d'autres groupes ce qu'ils ont entendu; et, en très peu de temps, les insinuations douteuses, les faits les plus insignifiants prennent des proportions colossales, et deviennent des crimes odieux.

— *D. Quel est l'effet moral de la médisance?*

R. Il est funeste: la médisance nuit aux intérêts du prochain, en détruisant sa réputation: elle cause les inimitiés, sème la discorde et détruit ainsi l'harmonie de la société.

— *D. Le médisant retire-t-il quelque avantage de sa mauvaise action?*

R. Aucun; car détruire la réputation d'autrui, c'est lui ravir ce qui ne peut enrichir, et dont la perte le ruine.

— *D. Quelle idée doit-on avoir du médisant?*

R. On doit le regarder comme un être dangereux, quel que soit le mobile qui l'anime; mais si son intention est mauvaise, c'est-à-dire, s'il se propose de nuire, c'est un fléau que l'on devrait exclure de la société, pour conserver la paix et la tranquillité.

— *D. Quelle est la punition immédiate du médisant?*

R. Le mépris des gens de bien, la haine universelle, la honte et les remords.

— *D. En quoi consiste la calomnie?*

R. A mentir contre l'innocence, en lui imputant faussement des défauts, des vices ou des faits qui peuvent compromettre sa fortune, sa réputation et même sa sûreté personnelle.

— *D. Quel est l'effet moral de la calomnie?*

R. La calomnie est le crime le plus horrible et le plus lâche dont la conscience humaine puisse se souiller; il insulte à la justice, à l'humanité et aux plus saintes vertus : tout cœur honnête doit le flétrir et jeter sur lui l'anathème et le mépris.

— *D. Que dénote ce vice?*

R. Un cœur corrompu, vil et méprisable qui, pour tourmenter les hommes les plus honorables, emploie la mensongère calomnie, quand il ne peut pas avoir recours à la diffamation, qui comporte du moins la vérité des faits allégués.

— *D. Ne peut-on pas dire que la calomnie est*

une espèce de vol?

R. Le calomniateur est plus digne de réprobation et de mépris que le voleur; car ce dernier ne nous dérobe qu'un bien matériel qui ne nous est pas absolument indispensable; tandis que le premier nous enlève l'estime de nos semblables, sans laquelle tous les biens de cette vie et la vie elle-même, sont dépourvus de prix.

De plus, le voleur ou l'assassin, en dépouillant leur victime, courent des risques, font, par conséquent, preuve d'un certain courage; tandis que le calomniateur est un lâche, qui porte traîtreusement le coup de mort, sans s'exposer à aucun danger.

— *D. Quels sont les vices qui forment le cortège ordinaire de la calomnie?*

R. On peut supposer au calomniateur presque tous les vices: il est jaloux, colère, vindicatif, injuste, cruel, etc.

— *D. Peut-on neutraliser les effets de la calomnie?*

R. C'est presque impossible, car les calomnies s'étendent comme des taches d'huile: on a beau s'efforcer de les ôter, la marque reste. Cependant, on devrait se consoler d'être calomnié: cela prouverait qu'on n'a pas donné prise à la médisance.

— *D. Qu'est-ce que le calomniateur retire de son œuvre?*

R. Une misérable satisfaction d'un moment, mais des remords pour l'avenir, la haine et le mépris de ses semblables, des ennemis dans ses victimes, qui finissent, tôt ou tard, par savoir d'où leur est venu le coup qu'on leur a porté ; enfin, le châtiment de la justice, qui doit prendre la défense de l'innocence.

— *D. Comment peut-on éviter de tomber dans ce vice dégradant?*

R. En calculant les conséquences de la calomnie; en se mettant à la place de celui que l'on serait tenté de calomnier, mais surtout, en écoutant les conseils de sa conscience, qui doit être notre guide en toutes choses.

— Méprisez les calomniateurs et les calomnies, on ne peut être sali que par l'ordure. PROVERBE.

— Une mauvaise langue est l'indice d'un mauvais cœur. SYRUS.

— L'écho de la médisance et de la calomnie est un lâche qui attaque les blessés.

— Il y a de l'inhumanité dans la révélation inutile d'un tort ignoré.

— Il faut plaindre ceux qui, ne pouvant s'élever jusqu'à la vertu, prennent le parti de la dénigrer.

CHAPITRE XIII.

Du mensonge.

— *D. Qu'est-ce que mentir?*

R. C'est parler contre la vérité et contre sa conscience, avec l'intention de tromper.

— *D. Le mensonge constitue-t-il une faute?*

R. Le mensonge est tellement reconnu comme un vice, que ceux même qui aiment le plus mentir, le condamnent. C'est une action, non seulement blâmable, mais lâche et vile. Celui qui ment abuse de la confiance de son prochain, et perd le respect de lui-même; car comment se respecter soi-même, lorsqu'on ne peut pas croire à ses propres paroles.

— *D. Quels sont les effets du mensonge pour son auteur?*

R. Par ce vice, le menteur perd une grande partie des avantages que l'homme retire de la société; il n'y a pour lui ni amitié sincère ni relations durables, ses paroles sont suspectes, personne n'y croit, ou si la politesse l'oblige à l'écouter, il excite le soupçon et l'ennui. Ayant perdu l'estime et la confiance de ses semblables, le menteur ne sent autour de lui que l'isolement, le vide et le mépris.

D. Le mensonge a-t-il toujours le même degré de gravité ?

R. La gravité du mensonge est toujours en rapport avec le mal qui peut en résulter ou avec l'intention de son auteur.

D. D'après cela, il peut y avoir des mensonges qui ne constituent pas une faute ?

Le mensonge est toujours condamnable, quand il peut porter préjudice au prochain.

Le mensonge qui a pour objet de cacher ou justifier une faute que l'on a commise sans avoir la même gravité, n'est pas moins une marque de mauvaise foi et de sottise. N'ayant pas le courage d'avouer franchement ses torts, on les aggrave par le mensonge, on perd tout droit à l'indulgence, et l'on rend le pardon beaucoup plus difficile lorsque la vérité est découverte.

Il y a des mensonges innocents, tels que les fictions des romanciers et des poètes, qui n'ont pour but que de récréer l'imagination.

Dans certains cas, le mensonge est commandé par l'humanité ; ainsi, on peut, sans scrupule, tromper un malade sur la gravité de son état, si l'on croit que cela puisse contribuer à son rétablissement, ou lui éviter les angoisses que produit la vue d'une mort prochaine. On peut encore cacher à une mère la mort de son fils, si cette nouvelle doit avoir, pour elle, de funestes effets.

Enfin, il y a le mensonge héroïque que fait un fils qui, pour sauver la vie à son père, se déclare coupable du crime dont ce dernier est accusé.

— *D. Que dénote, en général, le mensonge ?*

R. En dehors des cas exceptionnels que nous venons de mentionner, l'artifice et le mensonge sont de grandes marques de faiblesse et de petitesse d'esprit, de même que la fausse monnaie l'est de la pauvreté.

— *D. Quelles sont les conséquences du mensonge pourla société ?*

R. Tout ce qui altère la vérité est erreur, et les maux qui résultent de l'erreur peuvent être incalculables. Le mensonge est la source de la plupart des calamités qui affligent l'humanité ; il cause les inimitiés, les haines, les disputes, les guerres et fait couler le sang humain. Un seul mensonge peut détruire la réputation la mieux établie, dénaturer les actions les plus louables, les convertir en actes criminels, et couvrir ainsi d'opprobre l'homme le plus honorable, Un faux témoin peut envoyer un innocent à l'échafaud.

— *D. Ce vice peut-il se cacher longtemps ?*

R. On peut tarder quelque fois à découvrir la vérité ; mais ce moment arrive inévitablement, parce qu'on ne s'arrête jamais à un seul mensonge ; il faut en ajouter d'autres pour rendre le premier vraisemblable : le menteur n'a jamais assez de logique et assez de mémoire pour soutenir longtemps ce vilain rôle.

— *D. Quelle est la punition immédiate du menteur?*

R. La punition inévitable du menteur, est de ne pas être cru, lors même qu'il dit la vérité; car on craint toujours d'être trompé. Une telle réputation est un supplice insupportable pour un homme délicat.

— *D. Est-il permis de mentir en matière légère?*

R. Le mensonge, quelque léger qu'il soit, est toujours un mal puisqu'il blesse la vérité. D'ailleurs, c'est par de petits mensonges que l'on contracte une si funeste habitude.

— Il ne faut souvent qu'un imposteur pour dégrader les dées les plus sublimes. FERRAN.

— Un seul mensonge mêlé parmi les vérités, les fait suspecter toutes.

— Le mensonge et la perfidie sont le refuge des sots et des poltrons. CHESTERFIELD.

— On évite les embarras du mensonge, en disant la vérité.

— Une grande âme a peine à descendre au mensonge. Mme GUIBERT.

CHAPITRE XIV

De la flatterie et de l'hypocrisie.

— *D. Qu'est-ce que la flatterie ?*

R. C'est une approbation servile et méprisable des qualités et même des vices d'une personne, dans l'intention d'en retirer quelque avantage.

— *D. Quels sont les maux que produit la flatterie ?*

R. Elle aveugle les hommes sur leurs défauts, et les empêche de s'en corriger; elle encourage et perpétue le vice, par une criminelle approbation; enfin, elle sape la vertu en semant l'orgueil.

— *D. La flatterie peut-elle avoir quelque influence sur la société ?*

R. On peut dire qu'elle est une des principales sources des maux de l'humanité ; car, si le vice trouvait moins d'approbateurs, il ne s'afficherait pas avec autant d'audace, il ne sémerait pas le scandale avec autant de cynisme; la vertu pourrait lever la tête et établir le règne de l'ordre et du calme, sans lequel il n'y a pas de bonheur possible.

— *D. Quelle idée peut-on se faire du flateur ?*

R. Le limaçon plastronné, rampant, tenace et couvrant de bave le fruit qu'il ronge, est la véritable image du flatteur.

— *D. Quels sont ceux qui ont le plus à craindre les tristes effets de la flatterie?*

R. Ceux qui ont le moins de mérite. L'homme réellement vertueux, ne s'aveuglant pas sur ses avantages, ne s'estimant que ce qu'il vaut, est à l'abri des attaques d'un tel ennemi, car, si nous ne nous flattions pas nous-mêmes, la flatterie des autres ne pourrait nous nuire.

— *D. Quels sont les flatteurs les plus dangereux?*

R. Ceux qui environnent les personnes qui occupent un poste élevé, parce qu'ils leur cachent les vérités les plus utiles, les conseils les plus importants, les droits du mérite, les cris de l'innocence et les pleurs de l'infortune.

— *D. Comment doit se conduire un honnête homme envers ses supérieurs?*

R. Avec respect, politesse et déférence; mais avec une franche fermeté, quand il s'agit de leur faire connaître des vérités qui peuvent être utiles.

D. Est-ce être flatteur que de louer un mérite réel?

R. Une louange méritée ne constitue pas la flatterie; c'est une justice rendue au mérite, un tribut que nous devons payer à la vertu, pour l'encourager; mais la louange doit être l'expression franche et sincère de nos sentiments. Nous devons, surtout, éviter toute exagération, dans la crainte de blesser la modestie ou d'exciter l'orgueil de celui qui est l'objet de nos éloges.

D. Que doit-on conclure de tout cela?

R. Que nous devons nous méfier de toute espèce d'éloge, être bien persuadés que sous la louange se cache un intérêt, et que celui qui nous flatte, rit en général de notre crédulité. Les courtisans méprisent l'idole qu'ils semblent adorer, et sont toujours prêts à la briser.

— *D. Comment peut-on distinguer la flattere dei la sincérité?*

R. Règle générale : tons les discours qui flattent notre amour-propre, sont suspects; cependant, il en est qui sont l'effet d'une innocente politesse et l'expression de la vérité. Dans ce cas, il faut demander conseil à notre conscience, et nous soumettre à sa décision; mais, que l'éloge soit l'effet de la flatterie ou de la politesse, nous devons, comme nous l'avons déjà dit, être bien persuadés qu'il est toujours exagéré, et ne pas oublier que la vapeur de l'encens peut attirer la foudre.

— *D. Qu'est-ce que l'hypocrisie?*

R. L'hypocrisie est un sacrilège que commet le crime en prenant les apparences de la vertu. C'est, de toutes les dispositions du cœur, la plus vile et la plus impie; car elle sert de couverture au vice.

— *D. Comment se manifeste l'hypocrisie?*

R. Par des dehors trompeurs de modestie, de probité et de vertu, qui se traduisent par des paroles, par un maintien et par des actes étudiés et suggérés par un cœur corrompu.

— *D. Quel est le plus dangereux de l'hypocrite ou de l'homme franchenent mauvais?*

R. L'hypocrite; car, on se tient en garde contre le méchant que l'on connaît; tandis qu'il est difficile de parer le coup perfide que porte l'homme dissimulé, qui cache sa mauvaise intention sous les apparences de la vertu.

— *D. Peut-on, sans être hypocrite, cacher ses défauts ou ses vices?*

R. Oui: la décence publique autorise ce soin, pourvu que ce ne soit pas pour en imposer, et faire supposer des qualités et des vertus que l'on a pas.

— *D. Quel est le sort de l'hypocrite, quand il est démasqué?*

R. Il est couvert de honte et de confusion, et devient un objet d'horreur et de mépris pour ses semblables.

— *D. Qu'est-ce que les parents doivent enseigner à leurs enfants?*

R. A fuir ce vice honteux, à être francs et sincères, à se montrer toujours tels qu'ils sont. Ils doivent pardonner facilement les faiblesses et les fautes qu'ils avouent ingénuement; châtier sévèrement le manque de franchise, mais, surtout, prendre bien garde que l'enfant ne puisse s'appuyer sur la conduite de ses parents, pour justifier sa faute, c'est-à-dire prêcher par l'exemple.

— La flatterie est une mine que creuse le vice pour faire crouler la vertu.

— Quand un homme est capable de flatter, il est assez vraisemblable qu'il est capable de calomnier. A. BERINGTON

— Louer quelqu'un des vertus qu'il n'a pas, c'est lui dire impunément des injures.

— Le flatteur est comme le serpent, qui lèche longtemps sa proie, avant de l'avaler.

— Les hypocrites, comme les abeilles, ont le miel à la bouche et l'aiguillon caché.

— Les ténèbres de l'hypocrisie sont l'asile du crime. Mme DE PUISIEUX.

CHAPITRE XV.

De la paresse ou de l'oisiveté.

— *D. Qu'est-ce que la paresse?*

R. C'est un amour excessif du repos, qui neutralise toutes les facultés de notre âme et nous fait négliger nos devoirs.

— *D. La paresse est-elle un vice bien pernicieux?*

R. Oui, car elle nuit à l'individu et à la société. Le dégoût du travail semble être une maladie, une sorte d'impuissance physique et intellectuelle; l'esprit souffre de l'inactivité contre laquelle il n'est pas assez fort pour réagir.

— *D. L'homme ne trouverait-il pas le bonheur dans le repos, plutôt que dans un travail incessant?*

R. Non : Quand même tout ce qui nous entoure pourrait se conserver sans notre concours, l'inaction est tellement contraire à la nature, qu'elle serait encore pour nous un supplice, c'est l'immobilité stérile et triste comme la mort.

— *D. Pourquoi dites-vous que l'oisiveté est nuisible à l'individu?*

R. Parce qu'elle l'empêche de cultiver les talents qu'il a reçus de la nature, et d'acquérir les ressources nécessaires à son existence et l'instruction qui peut modifier les conditions de la vie.

— *D. Pourquoi l'oisiveté de l'individu peut-elle nuire à la société ?*

R. Parce que, si chaque membre de la société refuse de prendre part à l'activité commune, et de contribuer au mouvement général, la richesse publique est diminuée d'autant.

— *D. L'oisiveté est-elle également condamnable dans toutes les situations de la vie ?*

R. Elle est toujours funeste, car, quoique elle semble autorisée par l'état de notre fortune, nous ne sommes pas moins o igés de travailler, pour contribuer au bien-être de nos semblables. L'oisiveté est une violation flagrante de la première loi de la nature : la loi du travail. Elle acquiert plus ou moins de gravité, suivant les devoirs que nous impose la position que nous occupons dans la société.

— *D. Quelles sont les principales positions dans lesquelles l'activité est le plus nécessaire ?*

R. L'oisiveté est criminelle pour ceux qui sont revêtus d'une autorité quelconque et pour les fonctionnaires publics, car, étant obligés de veiller incessamment sur les intérêts du peuple, la moindre négligence de leur part et un délit.

Elle est également criminelle dans un père de famille, car, Dieu, la nature et la société lui imposent l'obligation rigoureuse de pourvoir à la subsistance et au bien-être de son épouse et de ses enfants.

Elle est coupable dans les enfants; parce que c'est l'âge où ils doivent acquérir les connaissances qui peuvent assurer leur bonheur. S'ils ne prennent pas l'habitude du travail dès l'enfance, ils croupiront toujours dans la paresse et dans l'ignorance, qui ouvrent la porte à tous les vices. Enfin, les enfants doivent travailler, non seulement pour leur propre bonheur; mais encore pour se mettre en état de pouvoir, un jour, être utiles à la société. L'oisif est toujours un mauvais citoyen.

— *D. Quel est l'effet moral de l'oisiveté?*

R. Outre qu'elle énerve et suspend les facultés actives de notre âme, elle détruit les forces du corps, nous met dans l'impossibilité de nous corriger de nos défauts et d'acquérir les vertus qui nous manquent. L'homme qui ne travaille pas, ne tarde pas à s'ennuyer, à se dégoûter de la vie, il est alors l'esclave de ses passions, et enfin le désœuvrement le conduit au crime.

— *D. Quelle différence y a-t-il entre le sort de l'homme laborieux et celui du paresseux?*

R. Il a une différence énorme, le premier jouit ordinairement d'une modeste aisance, du calme et de la paix de l'âme et de l'estime publique, tandis que le second est toujours tourmenté, malheureux et méprisé.

— *D. Que penser de ceux qui, jouissant, dans le repos, de toutes les délices de la vie, méprisent l'honnête homme qui gagne son pain à la sueur du front, ou qui souffre dans la misère?*

R. Que ce sont des êtres nuls et nuisibles en ce monde, dangereux par leurs principes, funestes par leur exemple, et dignes de la haine des malheureux qu'ils foulent aux pieds. On peut les comparer à ces plantes oiseuses qui, couvrant la terre de leur ombre, privent de soleil et de sève les herbes bienfaisantes qui les environnent.

— L'homme est né pour agir : l'inaction est une mort anticipée.

— Le pire des états est celui d'un homme qui n'a rien à faire. VOLTAIRE.

— L'ennui est entré dans le monde avec la paresse. LA BRUYÈRE.

— L'amour du travail est la vertu de l'homme en société. Mme ROLAND.

— Une vie inactive laisse les plus nobles facultés de l'intelligence s'engourdir dans un honteux sommeil, et alors on n'est utile ni à soi ni aux autres.

CHAPITRE XVI.

De l'ignorance.

— *D. Qu'est-ce que l'ignorance?*

R. C'est l'état dans lequel se trouve l'homme, jusqu'à ce que l'instruction ait développé ses facultés intellectuelles.

— *D. L'ignorance est-elle un vice?*

R. Elle en est souvent la conséquence, et elle en a toujours les inconvénients.

— *D. Est-elle toujours coupable?*

R. Elle n'est coupable que quand elle est volontaire. L'homme qui a été dans l'impossibilité absolue de recevoir de l'instruction, ne peut pas être responsable des conséquences de cette impossibilité.

— *D. Dans quel état se trouve l'homme ignorant?*

R. Dans un état d'obscurité et de stupidité, qui le rend inutile pour lui-même, presque nul, et souvent dangereux pour les autres.

— *D. A quel âge l'ignorance est-elle le plus préjudiciable ?*

R. A l'âge où l'homme est obligé de pourvoir à sa subsistance, à celle de sa famille, et où il doit être utile à ses semblables.

— *D. Quels sont les avantages que l'homme instruit a sur l'ignorant ?*

R. Ils sont immenses : l'homme instruit connaît mieux ses devoirs, et est plus capable de les remplir ; il calcule plus exactement ses intérêts, dirige mieux ses affaires, peut administrer sa fortune par lui-même, sans avoir recours à des intermédiaires, toujours coûteux, et souvent préjudiciables ; il jouit de l'estime et de la considération de tout le monde ; enfin, il goûte les douceurs sans nombre que procure l'instruction, sous le point de vue moral et intellectuel.

— *D. Quel est le rôle de l'ignorant dans la société ?*

R. Il y joue un rôle bien triste ; s'il est pauvre, il reste enseveli dans l'obscurité ; s'il est riche, il peut se faire remarquer par le luxe et l'ostentation ; mais une pareille distinction est souverainement ridicule.

— *D. La conversation de l'ignorant peut-elle être intéressante ?*

R. L'ignorant ne peut dire que des choses banales, sans portée ni utilité, il est, à chaque pas, exposé à blesser son auditoire, par quelque gaucherie, à se créer des ennemis, à être au moins un objet de risée, et à servir de jouet à la société.

— *D. Quels sont les défauts qui accompagnent en général l'ignorance ?*

R. La témérité, la présomption et l'orgueil ; car l'ignorant assure, l'homme instruit doute, le sage réfléchit et suspend son jugement.

— *D. Quels sont les effets de l'ignorance sur l'individu ?*

R. L'ignorance est le véritable instrument de la dégradation de l'homme ; elle le prive de la plus belle portion de la vie. L'homme ignorant, tel que la brute, ne peut avoir que les jouissances matérielles de l'existence. Le voile épais, qui couvre ses yeux, l'empêche de contempler les merveilles de l'univers, de comprendre les mystères de la vie, de goûter les douceurs intellectuelles que l'on ne trouve que dans le savoir, et sans lesquelles il n'y a pas de poésie dans la vie. Sa naissance, sa vie et sa mort ne sont que des opérations purement mécaniques. Enfin, l'ignorance rend l'homme crédule, superstitieux, fanatique, et très souvent criminel.

— *D. Quelle comparaison peut-on établir entre l'homme instruit et l'ignorant ?*

R. L'ignorant, au sein des richesses, ressemble à un vase de terre dont les dehors sont dorés ; l'homme instruit, dans l'indigence, est comme une pierre précieuse enchassée dans un métal ordinaire.

— Les grands crimes n'ont été commis que par de célèbres ignorants. VOLTAIRE.

— Le véritable orphelin est celui qui n'a pas reçu d'éducation. MAX TURQUE.

— L'ignorance est la plus dangereuse des maladies, et la cause de toutes les autres. BOSSUET.

— La science donne en peu de temps l'expérience de plusieurs siècles. D'AGUESSEAU.

— Pauvres, éclairez-vous : rarement on écrase les vers luisants.

CHAPITRE XVII

Du jeu

— *D. Comment peut-on considérer le jeu?*

R. Comme passion, le jeu a des conséquences désastreuses; il ruine inévitablement l'individu, désunit et plonge dans la misère la famille; par conséquent, il trouble la société. Le jeu est le vice le plus tyrannique, le plus invétéré qui puisse dominer l'homme.

— *D. Pourquoi?*

R. Parce que, pour satisfaire cette passion, rien n'arrête celui qui s'y abandonne. Pour jouer, il rompt tout lien de famille, délaisse sa femme et ses enfants, oublie toute idée de travail, tout sentiment d'amitié, de devoir, d'honneur et de dignité.

— *D. Où conduit ordinairement cette funeste passion?*

R. Après la ruine, au déshonneur, au bagne ou au suicide.

— *D. Pourquoi dit-on que le jeu conduit à la ruine?*

R. Parce que, quand on est entré dans cette voie, il est impossible de s'arrêter. Une triste expérience de tous les jours, démontre que le joueur qui perd, continue à jouer, pour regagner ce qu'il a perdu ; que celui qui gagne, veut gagner davantage et finit par tout perdre.

— *D. Pourquoi dit-on que le jeu conduit au déshonneur et au malheur?*

R. Parce que tout le monde regarde avec mépris le joueur qui, pour assouvir cette funeste passion, a foulé aux pieds tout sentiment de dignité. Ayant perdu toute sa fortune, ne trouvant personne qui ait pitié de lui, il devient un objet de mépris aux yeux de la société, et doit être aussi malheureux au moral qu'au physique.

— *D. Pourquoi dit-on que le jeu conduit au bagne ou à la mort?*

R. Quand il a englouti toute sa fortune, le joueur cherche en vain de l'argent pour payer ses dettes, ou pour continuer à jouer. Alors, sa raison s'égare, les forces lui manquent, il devient voleur, faussaire, assassin ou se suicide.

— *D. Le joueur ne pourrait-il pas, par un grand effort de volonté, parvenir à dominer cette passion?*

R. Une conversion de cette nature n'est rien moins qu'impossible. Ceux qui se sont ruinés au jeu, n'ayant pas le courage de chercher un remède dans le travail, dont ils ont perdu l'habitude, sont presque fatalement réduits à terminer une vie criminelle par une fin ignominieuse ou tragique.

— *D. Faut-il, d'après cela, condamner et prohiber toute espèce de jeux?*

R. Nous ne parlons ici que du jeu poussé jusqu'à la passion, ou, ce qui est encore plus triste, jusqu'à la spéculation; hors de ces cas, le jeu est licite: c'est un délassement passager agréable et inofensif, qui exerce la sagacité et l'abstraction de l'esprit : c'est une distraction intelligente, un lien qui resserre les relations des membres de la société.

— Le goût du jeu, fruit de l'avarice et de l'ennui, ne captive qu'un esprit ou qu'un cœur vide.

— On peut comparer la passion du jeu à un incendie, qui ne s'éteint que quand il n'y a plus d'aliment.

— Le jeu ruine trois fois sa victime · il lui fait perdre l'argent, le temps et le crédit.

— Le sang-froid d'un joueur et d'un ambitieux, est comme la glace sur un volcan. DE BUGNI.

— La passion du jeu est celle dont les effets sont les plus cruels et les plus rapides.

Nous avons cru utile de mettre sous les yeux de nos lecteurs un décret publié, il n'y a pas longtemps, par Young-Tcheng, empereur de Chine : c'est un document curieux, qui intéressera autant par les principes de morale qu'il contient, que par la couleur locale du style.

Voici les propres paroles du chef du Céleste Empire :

« L'Empereur est votre père ; ne l'obligez pas à être votre juge.

Il n'y a pas de bonheur sans la vertu. En vain, le vice court après la félicité : il la cherche dans la boue ; elle est dans le ciel.

Le jeu est le plus funeste de tous les vices.

Moi qui, du fond de mon palais, vois tout ce que l'on fait et entends tout ce que l'on dit : moi, qui veille, tandis que le crime marche silencieusement dans les ténèbres : Moi, qui déteste le mensonge plus que je ne crains la mort, je vous assure qu'il n'y a pas d'hommes pires que les joueurs. Ils auraient horreur d'eux-mêmes, s'ils pouvaient se connaître. Moi, je les hais. Ecoutez-moi donc.

Pourquoi le joueur et le voleur, qui est sa fidèle image, persévèrent-ils dans leur état? Parce qu'ils ont commencé.

Au commencement, le jeu n'est qu'une étincelle, mais bientôt elle se convertit en un violent incendie ; d'innocent divertissement, il devient une étude continuelle, un travail assidu, une profession. D'abord, on ne lui donne que quelques heures ; bientôt les jours entiers, que dis-je, les jours! ils ne lui suffisent pas! Quand tout le monde dort et repose, le joueur, dans un état continuel de surexcitation, ne dort pas.

Le cœur du joueur ne connaît pas les sentiments doux et tranquilles qui font le charme de la vie. Le bien et le mal sont pour lui un fantôme; il ne voit partout que le hasard; sa passion augmente en raison inverse des moyens qu'il a de la satisfaire.

Si tu as perdu ton argent, pourquoi ne fuis-tu pas? que fais-tu là? son impuissance l'anéantit, et, cependant, il reste pour voir jouer! Eh! que fait-il? il perd le temps, qui est plus précieux que l'or!

Celui-ci néglige les intérêts publics déposés entre ses mains; celui-là se dégoûte de sa profession, qui pourrait procurer l'aisance de sa famille; le tuteur engage la fortune de l'orphelin; en un mot, le joueur se jouerait lui-même, puisqu'il se suicide.

Insensé! qu'espère-t-il? que veut-il? Sa ruine et celle de tout le monde? Voyez-vous celui qui rentre chez lui chargé d'or? Vous le verrez bientôt couvert de haillons et de misère! Il a pu triompher un moment et surprendre pour un instant le secret de la fortune; il a su diriger pendant quelques minutes sa marche capricieuse; mais, attendez! attendez!

Quelle est la fin du joueur? Demandez-le à celui dont le frère est banni de sa patrie, et méprisé de sa famille, où qui s'est donné la mort, pour éviter la potence! Demandez-le au père qui, pour n'avoir pas corrigé son fils, verse aujourd'hui des larmes amères et est plongé dans la plus profonde douleur!

Je prohibe les jeux, je défends de jouer. Celui qui me désobéit, désobéit à la Providence, aux yeux de laquelle il n'y a pas de hasard. La Providence nous dit: *travaille, et attends: mes dons sont destinés à ceux qui savent les mériter par le travail.*

Comme doit le faire le chef d'un Etat, je déclare la guerre au vice, car j'ai pour lui une haine profonde. Combien de fois, malgré cette haine, n'ai-je pas été indulgent, pour ne pas trop appesantir ma main sur les coupables. Joueurs, ne comptez plus sur mon indulgence.

Chefs, soldats, et vous, que les liens du sang unissent à votre maître, n'oubliez jamais que j'ai horreur du vice, et que je vous ai confié le pouvoir et la force. Sur nos frontières et dans l'intérieur de l'Empire, vous êtes l'image de sa grandeur et de sa puissance! Vous devez, par conséquent, être des modèles de vertu pour son peuple.

Je vous ai montré le chemin du devoir et l'abîme de l'infamie: vous devez me comprendre. La douleur dans l'âme, je vous le dis pour la dernière fois: Vassaux, je punirai tous ceux qui joueront, fussent-ils mes propres enfants! »

YOUNG-TCHENG.

CHAPITRE XVIII

De l'intempérance et de la sensualité.

— *D. Qu'est-ce que l'intempérance?*

R. C'est l'excès dans toute espèce de jouissances, en particulier dans le boire et dans le manger.

— *D. Quelles sont les suites de cette passion?*

R. Elle occasionne des maux incalculables: l'homme qui s'abandonne à l'intempérance devient l'esclave de ses sens; il sacrifie les pures et douces jouissances d'une vie réglée, sobre et modérée à la satisfaction de l'appétit grossier d'un moment,

— *D. Qu'entendez-vous quand vous dites que l'homme est esclave de ses sens?*

R L'homme esclave de ses sens est celui qui est complètement dominé par un désir immodéré de jouissances matérielles; qui ne trouve de bonheur que dans la satisfaction de ses besoins, de ses goûts et de tous ses caprices, de quelque nature qu'ils soient.

— *D. Il n'est donc pas permis de satisfaire ses*

goûts et de se procurer des jouissances dans la vie?

R. En nous imposant des besoins, la nature nous a, sans doute, autorisés à les satisfaire; mais elle a soumis cette satisfaction à certaines règles: elle autorise les jouissances modérées; mais elle condamne les excès.

— *D. Quentendez-vous par excès de jouissances?*

R. Il y a excès dans la satisfaction d'une jouissance, quand il peut en résulter un mal pour soi ou pour les autres.

— *D. Doit-on condamner toutes les jouissances de la table?*

R. S'il y a une jouissance licite, c'est assurément celle qui donne satisfaction au premier besoin de la nature; mais toute légitime qu'elle est, elle devient condamnable du moment que l'on s'écarte des règles de la sobriété et de la modération.

Il n'est pas défendu d'éprouver du plaisir dans la satisfaction d'un besoin; mais il n'est pas permis, pour prolonger une jouissance, de dépasser les limites de ce même besoin; car de l'excès résulte toujours un mal. Celui qui a froid, trouve une agréable satisfaction à se chauffer; mais s'il s'approche trop près du feu, cette satisfaction se change en une vive douleur.

— *D. Quels sont les maux qui peuvent résulter des plaisirs de la table?*

R. Le premier mal qui en résulte consiste dans les dépenses excessives que ces plaisirs occasionnent. Celui qui est esclave de cette faiblesse est incapable de rester dans les limites de la prudence. Faisant ces dépenses qui ne sont pas en rapport avec sa fortune, il arrive insensiblement à la misère, se prépare pour l'avenir des privations, des remords et les reproches d'une famille qu'il aura ruinée ou au moins mise dans la gêne.

— *D. Quelles sont les conséquences morales de l'intempérance?*

R. Celui qui s'abandonne aux plaisirs immodérés de la table, rabaisse sa dignité d'homme audessous de la brute ; car les animaux, ne dépassent pas la limite du besoin. L'absorption excessive d'aliments ou de liquides alcooliques, tout en altérant la santé, affaiblit l'intelligence, trouble la raison, provoque le désordre, allume les passions et conduit à la sensualité.

— *D. Les jouissances de la table sont-elles durables?*

R. Non : L'usage habituel des mets recherchés, des vins fins, des liqueurs énivrantes ne procure à l'homme qu'une satisfaction passagère. Son goût émoussé, son palais blasé arrivent bientôt à trouver aux plats les plus exquis aussi peu de saveur qu'aux mets les plus ordinaires; car la satiété engendre le dégoût.

— *D. Les excès de la table n'ont-ils pas d'autres résultats?*

R. Ils conduisent ordinairement à l'ivrognerie.

— *D. Qu'est-ce que l'ivrognerie?*

R. C'est la funeste habitude de s'abandonner aux excès de la boisson.

— *D. Quels sont les résultats de cette honteuse habitude?*

R. Les résultats sont funestes pour l'individu, pour la famille et pour la société.

Celui qui se met habituellement dans un état d'ivresse, dépense misérablement l'argent qu'il devrait économiser avec soin,pour les besoins de la famille, perd honteusement tout le temps qu'il passe au café ou au cabaret et, une fois arrivé à l'état d'ivresse, il est incapable de reprendre son travail ; ce qui constitue pour lui une triple perte. Il acquiert en même temps une triste réputation qui doit nécessairement lui nuire, car l'ivrogne ne peut inspirer aucune confiance.

Enfin l'ivrogne abandonne sa famille, néglige l'éducation de ses enfants, suscite des disputes toujours funestes à l'union domestique et donne le mauvais exemple; en un mot, il est un sujet de scandale et de trouble pour la société.

— *D. Peut-on définir l'état de l'homme dans l'état d'ivresse?*

R. Notre langue n'a pas encore trouvé un terme assez dégradant pour qualifier l'état dans lequel l'ivresse plonge l'homme. C'est une espèce de paralysie physique et morale, ayant les symptômes tantôt de démence, tantôt d'idiotisme ou de stupidité et toujours d'abrutissement. L'homme, dans l'état divresse, a cessé d'être homme; ce n'est plus qu'un être stupide, privé de raison, d'idées, de sensations, n'excitant qu'un sentiment de dégoût et de mépris. Si l'on pouvait obtenir une photographie physique et morale de son état, il reculerait de honte et d'horreur, lorsqu'il se reconnaîtrait. Aussi, la vue d'un ivrogne, qui cuve son vin, est-elle la meilleure leçon de tempérance.

— *D. Qu'est-ce que la sensualité?*

R. C'est un attachement immodéré aux plaisirs des sens.

— *D. Quelles sont en général les conséquences de la sensualité?*

R. Outre qu'elle neutralise la plupart de nos facultés, et nous prive, par conséquent, d'une infinité de jouissances intellectuelles, elle occasionne de honteuses et funestes maladies qui épuisent nos forces, anticipent la vieillesse, et laissent dans le sang un germe fatal qui, se transmettant de père en fils, contribue à la dégénéraion de l'espèce humaine.

— *D. La sensualité n'a-t-elle pas d'autres suites?*

R. Celui qui subit sa funeste influence, dissipe sa fortune, pour assouvir sa passion, viole les lois les plus sacrées, porte le trouble, le déshonneur et les maladies au sein des familles, devient vil séducteur, époux infidèle, père dénaturé, et par conséquent mauvais citoyen.

D. Quel est le sort qui est réservé à l'homme luxurieux?

R. Ayant usé sa santé dans le désordre et les débauches, sa vieillesse précoce n'est qu'une série continuelle d'infirmités et de souffrances, qu'il n'ose avouer. Dans l'impossibilité de donner satisfaction à ses appétits brutaux, il ne lui reste plus que le triste souvenir d'un passé qui, tel qu'un songe, ne lui laisse que d'amers regrets. La vie n'a plus d'attraits pour lui; ce n'est qu'un pesant fardeau qu'il traîne péniblement. S'il n'a pas de fortune, il est obligé d'aller déposer à l'hôpital, les tristes lambeaux d'une honteuse existence.

— *D. Quelle est la source de ce vice dégradant?*

R. La mauvaise éducation, les discours libres et libidineux, les lectures d'ouvrages graveleux, les gravures lascives, les mauvaises compagnies et les mauvais exemples.

— Le vin et les passions rendent fausse cette définition donnée par Aristote : *l'homme est un animal raisonnable.*

— Une jeunesse licencieuse ne transmet à la vieillesse qu'un corps usé. CICÉRON.

— Prétendre éteindre le désir par la jouissance, c'est vouloir étouffer le feu avec de la paille.

— Celui dont l'unique plaisir est de chercher le plaisir, trouvera le dégoût et l'ennui.

— Le cabaret est un lieu où l'on vend la folie par bouteille. BAUTRU.

QUATRIÈME PARTIE.

Devoirs professionnels.

Les limites étroites de notre ouvrage ne nous permettent pas d'entrer dans tous les détails qu'exigerait l'exposition de tous les devoirs des membres de la société. Nous renverrons nos lecteurs aux traités de morale écrits par des auteurs plus compétents que nous. Nous nous bornerons à dire quelques mots sur les devoirs et obligations de quelques-unes des classes qui forment la base principale de la société.

CHAPITRE PREMIER.

Du chef du pouvoir et des fonctionnaires publics.

— *D. Puisque le bien-être d'une nation repose sur l'obéissance aux lois, une parfaite adhésion aux institutions et sur le respect des règles de la morale, à qui incombe l'obligation de veiller à l'accomplissement de ce triple devoir?*

R. La nation, comme être collectif, a dû, nous l'avons déjà dit, conférer à une corporation plus restreinte, formée de plusieurs de ses membres, les pouvoirs nécessaires pour établir une autorité, chargée de veiller aux intérêts de la généralité. C'est donc cette autorité, désignée sous le nom de chef de l'Etat, qui a accepté l'obligation stricte de veiller à l'accomplissement de ces devoirs.

— *D. Quelles conditions doit réunir l'élection de ce chef suprême?*

R. Dans le chapitre du *Gouvernement*, nous avons parlé de l'importance que les citoyens doivent attacher à l'élection de leurs représentants, ainsi que des devoirs de ces derniers. Pour ne pas faillir à sa mission, l'Assemblée, qui résume les pouvoirs de la nation entière, doit confier l'autorité à un homme dont la capacité, l'honorabilité et l'intégrité offrent une garantie certaine de sa bonne gestion; parce que l'ordre social et moral d'une nation repose toujours sur le bon choix de celui qui est chargé de le maintenir.

— *D. Quel est le premier devoir du chef du Pouvoir?*

R. Le soin le plus important, et peut-être le plus difficile d'un chef d'Etat, consiste dans le choix des auxiliaires qu'il doit s'adjoindre pour l'aider dans ses pénibles fonctions, et auxquels il est obligé de conférer une partie de ses pouvoirs, dans les diverses branches de l'administration.

— *D. Quelles sont les qualités que doivent réunir ces délégués?*

R. Les qualités des fonctionnaires publics peuvent se résumer ainsi : capacité, moralité, intégrité, fermeté, activité et politesse.

Ces autorités secondaires ont pour devoir la ponctualité, la déférence envers leurs supérieurs, la bienveillance pour les inférieurs, et la complaisance envers les personnes qui ont besoin de leur office.

Avec des mandataires qui réunissent ces conditions, les intérêts généraux seront bien administrés, la justice impartialement rendue et le gouvernement qu'ils représentent honoré et respecté.

— *D. Les hauts fonctionnaires, chargés de la nomination des employés subalternes, n'ont-ils pas aussi un devoir spécial?*

R. Ils doivent, dans ces opérations, se tenir en garde contre les influences étrangères, et n'avoir en vue que l'intérêt public. En donnant un emploi à ceux qui ne réunissent pas les qualités nécessaires, ils introduisent le désordre dans l'administration et blessent la justice, en privant d'un poste ceux qui y ont un droit légitime.

— *D. Quel mal produisent ces nominations illégales?*

R. Celui qui ne doit son poste qu'à la faveur, en

est rarement digne. Un mauvais employé ne peut pas faire un bon service; par conséquent l'administration est en souffrance; d'un autre côté, il ne jouit pas de l'estime publique, et le mépris du magistrat conduit directement à la violation de la loi.

— *D. Ces abus n'ont-ils pas d'autres conséquences?*

R. Un abus en appelle un autre. Celui qui a obtenu un poste par des voies illégales, n'est pas un rigide observateur de la loi. Il agira à son tour envers les autres, comme l'on a agi avec lui; de là, une série d'injustices, qui introduisent le désordre dans la société.

— *D. Quels sont les devoirs spéciaux de ceux qui sont appelés à administrer la justice?*

R. Les juges et les hommes de loi, qui ont la mission de fixer les droits et les devoirs respectifs des citoyens, ont assumé une grave responsabilité; ils doivent, comme représentants de la souveraineté, redresser les torts, réparer les injustices avec la plus stricte impartialité, et être, dans leurs fonctions, les rigides observateurs de la loi; mais ils doivent surtout être inaccessibles à toute sorte d'influences qui tendraient à leur faire oublier leur devoir.

— *D. Le juge peut-il hâter ou retarder sa sentence, suivant son caprice?*

R. Le juge doit, non seulement administrer la justice avec impartialité, mais avec promptitude; car une sentence différée, sans nécessité, peut occasionner de graves préjudices. Il doit donc, sans s'écarter des règles de la prudence, étudier les questions qui font l'objet du litige, et donner sa décision dans le plus bref délai, surtout quand la liberté d'un homme en dépend.

— *D. Que pensez-vous de la prison préventive ?*

R. La prison préventive peut être une mesure nécessaire, dans certains cas ; mais elle impose au juge la sérieuse obligation d'activer les formalités judiciaires, pour ne pas priver de la liberté un homme dont la culpabilité n'est pas encore prouvée. On voit, tous les jours, absoudre et élargir des malheureux dont l'innocence a été reconnue, après des mois et même des années de captivité.

Qui pourra calculer les préjudices qu'on a occasionnés à l'homme dont on a prolongé 'arbitrairement la détention. Pendant tout ce temps, son honneur a été en souffrance, sa femme et ses enfants, privés de leur unique soutien, ont versé des larmes amères, et éprouvé de cruelles privations. Le juge, dont la négligence a causé tous ces maux, en est responsable ; la conscience lui impose la stricte obligation de les réparer.

— *D. N'y aurait-il pas, en outre, quelques réformes à introduire dans l'administration de la justice ?*

R. La première et la plus importante réforme que l'on devrait introduire, consisterait dans la réduction des frais scandaleux qu'occasionnent certaines formalités judiciaires.

Nous ne nous appesantirons pas là-dessus ; le gouvernement s'occupe en ce moment de cette grave question. Espérons que l'on fera disparaître tous les abus de ce genre, et que bientôt, le pauvre pourra, comme le riche, réclamer l'appui de la justice, sans s'exposer à la ruine.

Il serait même à désirer que l'administration de la justice fût gratuite, comme l'enseignement. Pourquoi les greffiers, les avoués et les huissiers n'auraient-ils pas des honoraires, comme les juges et les employés des autres administrations? L'État ne pourrait-il pas rentrer dans ses déboursés, en prélevant pour son compte les frais de justice? Ces frais, tarifés équitablement, pourraient être réduits de moitié. De cette manière, l'État ne perdrait rien, les citoyens auraient une protection assurée et équitable, et la justice serait une institution majestueuse, que tout le monde respecterait.

— *D. Y a-t-il quelque position dans la vie qui soit exempte d'obligation?*

R. Il n'y a pas une classe, une situation qui n'ait de graves devoirs à remplir ; que l'on soit riche ou pauvre, savant ou ignorant, grand ou petit, que l'on exerce une profession libérale ou mécanique, chacun doit contribuer, dans sa sphère, au bien-être de ses semblables.

L'avocat doit consacrer son savoir et son énergie à la défense de son client, qui a mis entre ses mains sa fortune, son honneur et quelque fois sa vie.

Le médecin doit être prêt à toute heure à voler au secours du malade qui l'appelle, braver les dangers de la contagion, combattre les épidémies les plus violentes, sans souci de sa propre vie.

Le soldat, sur le champ de bataille, doit affronter le danger, et courir à la mort, pour obéir à ses chefs et défendre son drapeau.

L'industriel et le commerçant doivent être de rigoureux observateurs des règles de l'équité, dans le prix et la qualité des marchandises qu'ils livrent à leurs clients.

Les patrons doivent être les protectenrs bienveillants, les pères de leurs ouvriers ou employés: ils leur doivent une sage direction et de bons conseils.

Les employés ou ouvriers doivent à leurs patrons le respect, l'obéissance et un travail consciencieux.

Les écoliers ont aussi leurs devoirs professionnels; ils doivent respecter et aimer leur maître, suivre attentivement ses explications, avoir pour lui une obéissance absolue, ne pas perdre le temps, apprendre leurs leçons, et faire scrupuleusement leur devoir.

En un mot, tous les membres de la société sont solidairement responsables, et doivent contribuer au bien-être général.

— Lse places éminentes sont comme la cime des rochers : les aigles et les reptiles seuls peuvent y atteindre.

— Le magistrat qui n'est pas un héros, n'est pas même un homme de bien. — DAGUESSEAU.

— Quand les passions siégent sur un tribuual, la justice et l'humanité s'en éloignent.

— Lorsqu'on met les places à l'enchère, on met l'honneur, la liberté et les vertus au rabais.

— Il faut être ferme, constant, sincère, égal pour tous, dans l'administration de la justice — PETHON.

— L'autorité est une force morale dont les véritables armes sont la justice et la clémence — CHANGEUX.

CHAPITRE II.

Du riche.

— *D. Quelle est l'influence de la richesse dans la société ?*

R. Malgré la sagesse des nations, malgré les adages souvent répétés, on ne persuadera jamais aux déshérités et aux malheureux que *la fortune ne fait pas le bonheur*; parce qu'ils voient les avantages qu'elle procure, et ne connaissent pas les peines qui l'accompagnent, et qu'elle est impuissante à soulager. De là vient que tous les hommes courent après elle avec tant d'ardeur, et que, pour l'obtenir, il n'y a pas d'obstacles qui les arrêtent, pas de travaux qu'ils n'entreprennent, pas de privations qu'ils ne s'imposent ; pour elle, ils sacrifient leur repos, leur tranquillité, et quelques-uns malheureusement leur honneur même. L'amour de la fortune, pour ces derniers, est la source de toutes les bassesses, de tous les crimes et de tous les désordres qui troublent la société : pour acquérir la richesse, on devient voleur, faussaire, assassin.

— *D. On ne doit donc pas désirer la fortune?*

R. Il ne faut ni l'envier ni la mépriser, mais en supporter la privation avec dignité et courage, et en jouir sans orgueil.

— *D. Quel emploi doit-on faire de la fortune?*

R. On doit s'en servir pour se procurer les choses nécessaires, utiles, même agréables pour soi, et, autant qu'on le peut, pour les autres; car, l'avantage le plus précieux que nous procure la richesse, c'est de nous permettre de faire du bien à nos semblables.

Les richesses peuvent être l'instrument du bonheur, si on les distribue à propos pour soi et pour les autres; comme elles peuvent produire l'effet contraire, si l'on ne sait en jouir avec sagesse et modération: tout dépend de l'application.

— *D. Quel emploi l'homme doit-il faire de la fortune, pour lui-même?*

R. Il peut se procurer toutes les commodités et toutes les douceurs légitimes de la vie; mais sans dépasser les limites de la modération; il doit ensuite assurer le bien-être de sa famille, donner à ses enfants une éducation en rapport avec ses moyens; mais il doit éviter les excès, savoir modérer ses désirs, et ne chercher que les plaisirs purs et durables.

— *D. Comment peut-on rendre sa fortune profitable pour les autres?*

R. En soulageant l'indigent par la bienfaisance, en occupant les ouvriers à des travaux utiles, en mettant au jour le talent, que le manque de ressources tient dans l'ombre, en encourageant les inventions et les industries utiles à l'humanité; en un mot, en contribuant, par tous les moyens possibles, à la marche du progrès et au bien-être de ses semblables. On ne doit pas oublier que la richesse ne fait riche qu'autant qu'on en fait bon usage.

— *D. Quelles sont les qualités que l'on devrait trouver dans l'homme qui jouit des dons de la fortune ?*

R. La modestie, l'humanité, la compassion et la bienfaisance. Il doit bien se garder d'étaler aux yeux de l'indigence un faste insolent, car la splendeur des grands ajoute à notre misère le poids du bonheur d'autrui. Le pauvre a assez de sa misère sans y ajouter encore l'humiliation.

Le riche ne doit jamais se créer des besoins superflus, inutiles ou imaginaires, ni consacrer à un luxe extravagant, ou à de vains plaisirs une fortune qui, sans lui imposer des privations, pourrait essuyer bien des larmes, calmer bien des douleurs.

— *D. Quelles seraient les conséquences d'une conduite basée sur ces principes ?*

R. L'homme qui userait ainsi de la fortune acquerrait un droit à la plus précieuse récompense que l'on puisse désirer, c'est-à-dire à l'estime, à la reconnaissance et à l'amour de tous ceux qui auraient eu part à ses bienfaits.

— *D. La fortune n'a-t-elle pas aussi ses inconvénients?*

R. Les richesses, ouvrant la porte des plaisirs et des jouissances de la vie, deviennent pour nous un péril continuel; elles excitent les passions, inspirent la vanité, l'orgueil, l'indifférence et même le mépris pour nos semblables. La facilité des jouissances conduit à l'abus, et de l'abus naît la sensualité, mère de tous les vices.

— *D. Quel est l'état le plus désirable?*

R. Une modeste médiocrité; parce qu'elle est également éloignée des dangers de la richesse et des inconvénients de la misère.

— Le bonheur chancelle lorsqu'il s'appui sur la fortune

— Le superflu coûte de plus grands crimes que n'en coûte le nécessaire. DUPATY.

— La misère du pauvre est presque toujours le crime des riches.

— Il y a une espèce de honte d'être heureux, à la vue de certaines misères. LA BRUYÈRE.

— Sans l'éducation et le sentiment, le riche n'est que de la boue saupoudrée d'or.

— Ce que vous léguez aux pauvres en mourant, ce n'est pas vous qui le donnez ; ce sont vos héritiers : le don est nul pour le ciel.

CHAPITRE III.

Du pauvre.

— *D. Qu'entend-on par pauvreté ?*

R. D'après l'acception rigoureuse du mot, la pauvreté est l'état de l'homme qui est dépourvu des ressources nécessaires pour satisfaire les premiers besoins de la nature.

— *D. Quelles sont les choses dont la privation constitue la pauvreté ?*

R. Les aliments indispensables à l'existence, les vêtements nécessaires pour se mettre à l'abri des intempéries de l'air, ou pour la décence, un asile où l'on puisse prendre son repos, et des remèdes en cas de maladie.

— *D. Puisqu'il est permis de se procurer les jouissances et les douceurs de la vie, n'est-ce pas être pauvre que de ne pouvoir donner satisfaction à ce besoin, et se procurer tout le bien-être possible ?*

R. Vouloir satisfaire tous ses besoins ou tous ses caprices, c'est sortir des limites du nécessaire et entrer dans l'immensité des désirs, Il n'y a pas dans l'univers de quoi satisfaire l'insatiabilité du cœur de l'homme. Si la privation d'une satisfaction quelconque constituait la pauvreté, il n'y aurait pas un seul homme riche sur la terre ; car, quelle que soit sa fortune, quel que soit le bien-être dont il jouit, il lui reste toujours quelque chose à désirer ; et ce désir est un tourment, s'il ne peut le satisfaire.

— D. D'où vient qu'il y a des hommes qui se trouvent riches dans une humble médiocrité, et d'autres qui se croient pauvres dans l'opulence ?

R. Les mots fortune et indigence n'ont pas de signification absolue : les choses n'ont de valeur que par l'idée qu'on y attache, et par l'usage que l'on en fait. La véritable richesse consiste dans l'absence de besoins ; on devient pauvre, lorsqu'on s'en crée de factices. Celui qui est dans la médiocrité, se trouve riche et heureux, parce qu'il sait modérer ses désirs, et se contenter de ce qu'il a ; tandis que celui possède la fortune, étant amolli par les jouissances, et ne sachant pas modérer ses appétits, se crée toujours de nouveaux besoins, qu'il se voit souvent dans l'impossibilité de satisfaire, et il se croit malheureux.

— D. De quoi dépend le bien-être du pauvre ?

R. Du travail, de l'ordre, de l'économie et de l'estime de ceux qui l'occupent, qu'il doit gagner par sa probité et sa bonne conduite. Tôt ou tard on remarque l'honnête homme, l'ouvrier consciencieux, le domestique fidèle, et on le préfère à celui dont la réputation est mauvaise ou douteuse.

— D. Comment le pauvre doit-il se conduire envers le riche?

R. Avec respect et condescendance. Il doit gagner son estime par ses bonnes qualités, reconnaître ses bienfaits, non par de basses complaisances capables de compromettre l'honneur et la dignité l'homme, mais par une sincère reconnaissance, qui n'ait rien de servile.

— D. Le pauvre ne doit-il pas porter envie aux riche?

R. Non; car les riches, ne sont pas aussi heureux qu'ils le paraissent. Comme nous l'avons déjà dit, l'or et la soie cachent souvent des douleurs poignantes, qui troublent leur sommeil et empoisonnent les mets les plus délicats, tandis que le pauvre prend avec plaisir son repas frugal assaisonné par l'appétit, et dort tranquille sur sa modeste couche.

Pour se trouver heureux, le pauvre ne doit jamais regarder en haut, mais au-dessous de lui. Quelque malheureux qu'il soit, il trouvera toujours quelqu'un plus malheureux que lui.

— D. La famille du pauvre n'a-t-elle pas quelque avantage sur celle du riche?

R. La paix domestique, l'amour conjugal, la tranquillité de conscience se trouvent plus souvent dans la cabane du pauvre que dans les palais des riches, où le luxe, les jouissances mondaines et les passions fomentent les désordres du mari, le libertinage de la femme et convertissent souvent en enfer une maison où devraient régner l'union, le calme et la vertu.

— *D. La misère n'a-t-elle pas aussi ses périls comme la fortune?*

R. Il n'y a pas d'état qui n'ait des dangers à éviter, des obstacles à surmonter et des combats à livrer. Si celui qui est favorisé par la fortune doit se tenir en garde contre les excès de jouissances, le pauvre doit résister aux rudes assauts que lui livre le besoin, fermer les oreilles aux dangereuses suggestions de la faim; il doit se couvrir d'une cuirasse d'airain, pour résister aux dards de ces redoutables ennemis. La misère et la faim sont deux mauvaises voisines : il doit se méfier de leurs perfides insinuations, de leurs pernicieux conseils.

— *D. Les pauvres et les déshérités ne peuvent-ils pas trouver quelque consolation et quelque encouragement dans la religion?*

R. Ceux qui ne font consister le bonheur que dans les jouissances matérielles de la vie, sont dignes de compassion; car ils n'ont aucun dédommagement pour les déceptions qu'ils éprouvent à chaque instant; celui, au contraire, qui croit en une autre existence, pour qui cette vie n'est qu'une transition, un passage, travaille avec ardeur, souffre avec patience et résignation; car il sait que ses maux auront une fin, après laquelle il est assuré de recevoir une récompense, qui le dédommagera de tous les travaux, de toutes les privations qu'il aura supportées avec courage. La foi, n'eût-elle que l'avantage d'adoucir ainsi les maux de la vie, serait infiniment préférable aux plus grandes richesses.

— *D. Quel est l'héritage que le pauvre doit laisser à ses enfants ?*

R. Celui qui ne peut pas laisser de fortune à ses enfants, doit leur léguer, avec une éducation en rapport avec ses moyens, l'exemple d'une vie honorable et laborieuse. Il doit, dès l'âge le plus tendre, leur inculquer l'amour du travail, de l'ordre et de l'économie, et leur faire bien comprendre que le pauvre qui ne travaille point, devient infailliblement malfaiteur.

— **Les grands besoins viennent des grands biens, et rendent la richesse presque égale à la pauvreté. LE ROI STANISLAS.**

— **On est réconcilié avec l'indigence quand on a vu de près les misères de la grandeur. MISS LEE.**

— **Avec ce que les riches portent de trop, il y aurait de quoi vêtir tous les indigents. GOLDSMITH.**

CHAPITRE VI.

Des époux.

— *Qu'est-ce que le mariage ?*

R. Le mariage est un contrat par lequel deux êtres mettent en commun, pour toute la durée de leur vie, leurs corps, leurs volontés et leurs âmes, en un mot, toute leur existence. C'est la plus sainte des institutions et le fondement nécessaire de la famille, comme la famille elle-même est le fondement de l'ordre social.

— *D. Cette fusion de deux êtres entraîne-t-elle aussi la fusion des droits et des interêts des deux parties contractantes ?*

R. Dans cette communauté d'existence, résultat d'une donation réciproque, aucun des deux n'est sacrifié à l'autre, mais ils restent étroitement unis par les mêmes droits et les mêmes devoirs. Le mariage, c'est l'amour et le devoir réunis, confondus ; c'est l'amour purifié par le devoir ; c'est le devoir paré de tous les charmes de l'amour.

Dans le mariage, tout doit être commun, toute

divergence d'intérêt disparaît, le *moi* et le *toi* n'existent plus ; les sensations individuelles deviennent collectives, le plaisir et la peine, le bonheur et le malheur ne trouvent plus qu'un seul écho.

— *D. Le mariage a-t-il la même influence chez tous les peuples ?*

R. Chez les sauvages et chez les barbares, où la famille n'existe pas, ou n'existe que d'une manière incomplète, les femmes sont l'objet d'un honteux trafic, et entassées, comme un bétail humain, dans les marchés publics et dans les harems, ou soumises aux plus rudes travaux, tandis que les hommes se livrent aux plaisirs ou à l'oisiveté; mais les bienfaits de la civilisation et la douce influence de l'évangile tendent à abolir ces ignobles abus, et à faire reconnaître la complète égalité de l'homme et de la femme. Pour l'immense majorité des peuples, il n'y a plus, dans le mariage, ni supérieur, ni inférieur; mais bien deux associés, ayant l'un et l'autre une égale autorité et des droits identiques, suivant les fonctions que la nature ou leur constitution leur assigne.

— *D. Quels sont les devoirs réciproques des époux ?*

R. Ils doivent s'aimer et se rendre mutuellement heureux, et ne jamais dépasser les limites de leurs droits respectifs.

— *D. Quelles sont les obligations du mari à l'egard de son épouse ?*

R. Le mari doit à sa femme protection, respect

et amour; il est rigoureusement obligé, au prix de son travail, de lui procurer une existence décente et tout le bien-être possible, suivant ses moyens.

— *D. N'arrive-t-il pas que le mari, usant de la supériorité de sa force, tient sa femme soumise à sa domination?*

R. Cela arrive malheureusement avec trop de fréquence; mais il commet alors un abus de pouvoir, qui mérite la réprobation générale. Dieu a donné la force à l'homme pour protéger la femme, et non pour l'écraser.

— *D. Quelle opinion a-t-on d'un époux qui maltraite sa femme?*

R. Il est méprisé de tout le monde : on le regarde comme un brutal, un lâche, indigne de vivre en société, dans laquelle il porte le trouble.

— *D. Quels sont les devoirs de l'épouse envers son mari?*

R. Dieu, en créant la femme la plus faible, lui a assigné son rôle. Elle doit penser que tous les soins de son époux tendent vers son bonheur, avoir pour lui une douce et aimable condescendance, un tendre et sincère amour; mettre tous ses soins à lui plaire, et faire régner dans sa maison l'ordre et l'économie. On ne doit jamais entendre sortir de sa bouche des paroles d'ordre, d'exigence et de volonté. Du reste, dans un ménage, rien ne doit sentir l'autorité; les époux doivent se consulter, se conseiller et agir toujours d'un commun accord, mais jamais se commander.

— *D. Quel est l'empire que l'un peut exercer sur l'autre?*

R. Celui de la raison unie à la douceur. Cet alliage est nécessaire, car la raison contrariant quelquefois nos goûts, nous avons souvent de la peine à nous y mettre. La violence ne conduit jamais à la conviction : la douce persuasion seule peut y parvenir.

— *D. Qu'arrive-t-il à la femme qui essaie de dominer son mari, ou qui fait parade de supériorité et d'indépendance?*

R. Elle se couvre de ridicule; elle est la plaie de sa maison; elle se fait mépriser par tout le monde, et donne à ses enfants un exemple qui doit produire de funeste effets, et altérer les sentiments d'amour, d'estime et de respect que la nature avait gravés dans leur cœur.

— *D. Deux époux doivent-ils se croire malheureux parce qu'il survient entre eux quelque sujet de discorde?*

R. Non : de légères altercations ne peuvent pas troubler leur félicité. Deux personnes destinées à passer leur vie ensemble, se trouvent infailliblement quelque fois en désaccord. Nous avons chacun notre manière de voir et d'apprécier les choses; nous avons notre caractère, nos humeurs, nos aiblesses et nos défauts. Deux époux doivent faire la part de l'humanité, et être indulgents. Ce sont ordinairement des impressions passagères; le temps et la raison finissent par dissiper ces nuages, qui n'ont fait qu'obscurcir un moment l'harmonie du ménage, et qui servent même souvent à cimenter une paix durable.

— *D. A quoi peut-on comparer un ménage qui reste uni, malgré quelques petites contrariétés?*

R. Aux beaux jours du printemps que quelques légers nuages viennent assombrir, sans les troubler; à un tableau dont les ombres font ressortir les beautés.

— *D. Par quel moyen la femme peut-elle mériter l'estime, la confiance et l'amour de son mari?*

R. Des mœurs pures, un raisonnement sain, un cœur sensible et une patiente douceur sont les qualités qui captivent l'estime et l'amour d'un mari et qui méritent la considération de tout le monde.

— *D. Quel mal peut produire la coquetterie et la la mauvaise conduite d'une femme?*

R. La mauvaise conduite d'une femme détruit la paix et l'harmonie du ménage. La femme coquette se précipite, la tête baissée, dans le désordre. Dans son aveuglement, elle sacrifie son honneur, et celui de ses enfants; elle immole son mari à son libertinage, l'abreuve d'amertume; souvent elle le ruine; elle porte la désolation dans une famille dont elle devait faire le bonheur, et détruit pour toujours la douce illusion qui fait le charme de la vie.

— *D. Quelle est la fin qui est réservée aux coquettes ?*

R. Quand l'âge et la débauche ont altéré leurs traits, elles sont abandonnées par ceux que leur beauté avait séduits. Elles sont alors obligées de céder la place à d'autres rivales, qui viennent à leur tour vendre leur honneur et le repos d'une autre famille. Elles sont donc forcées de se retirer, le regret, les remords ou la rage dans le cœur. Elles iront en vain offrir à un mari, qu'elles ont méprisé et foulé aux pieds, les honteux restes de leurs débauches, le rebut des autres. Il repoussera avec horreur une telle offrande. Que leur reste-t-il ? Elles récoltent ce qu'elles ont semé.... Elles ont vécu dans le désordre.... Elles meurent, souvent, dans la misère, toujours dans la honte.

— *D. Comment deux bons époux doivent-ils diriger leur ménage ?*

R. Vivant tranquilles et heureux, puisqu'ils réunissent les qualités nécessaires, les devoirs de leur état leur paraissent doux et faciles. Ils doivent partager leurs soins entre l'éducation de leurs enfants et l'administration de leurs intérêts ; observer une sage économie, c'est-à-dire se tenir à égale distance entre l'avarice et la prodigalité, car, la première avilit et la seconde ruine.

— *D. Quel est celui des deux qui doit s'occuper plus spécialement des soins du ménage ?*

R. La femme est généralement chargée de la direction intérieure, car elle réunit ordinairement les conditions nécessaires d'ordre et d'économie.

— D. Si le mari est prodigue et dissipateur, l'ordre et l'économie de la femme peuvent-ils éviter la ruine de la famille?

R. Quelque déréglé que soit le mari, une femme, qui a de la conduite, du bon sens et du tact, peut le ramener à une vie moins désordonnée et le rendre même aussi rangé et aussi économe qu'elle.

— D. D'où vient que l'on voit souvent le trouble et la désunion régner dans tant de ménages, malgré l'état prospère de leur fortune?

R. Pour trouver l'explication de ces désordres, il faut remonter au principe du mal, et examiner les circonstances qui ont présidé à la célébration de ces mariages, car c'est de là que découle le malaise qui afflige tant de familles.

— D. Quelles sont les circonstances qui peuvent produire un si funeste résultat?

R. Les principales sont l'âge auquel on contracte ordinairement ces unions, et les raisons qui les déterminent.

— D. Quelle est l'influence que l'âge peut avoir sur le mariage?

— La plupart des mariages, se contractant à l'âge auquel les passions exercent le plus tyranniquement leur empire ; les jeunes gens, n'ayant aucune expérience du monde, et ne connaissant la vie que sous le point de vue poétique, se laissent fasciner par le prestige trompeur de la beauté ou d'autres qualités physiques aussi futiles que volages, et acceptent un lien que l'illusion embellit pendant quelques jours, mais qui ne tarde pas à se convertir en une chaîne insupportable; car les années, une maladie, un accident quelconque peut détruire la beauté et enlever tous ces avantages physiques. Alors la poésie se change en une triste réalité; l'illusion se dissipe, et, si toutes ces qualités physiques qui les ont séduits, ne sont pas accompagnées de quelques vertus morales, les voilà malheureux pour le reste de leur vie.

D. Que résulte-t-il des mariages basés sur l'intérêt ?

— R. Les mariages basés sur les convenances de famille ou sur des raisons d'intérêt, sans avoir les mêmes inconvénients, ne laissent pas que de produire de fâcheuses conséquences ; car, les raisons de convenances de famille et de fortune sont rarement d'accord avec les sentiments d'estime, de sympathie et d'amour, qui doivent toujours présider à ces actes.

D. Quelles sont les conditions indispensables au bonheur des époux ?

— R. La sympathie, la conformité de caractère, les qualités morales; en un mot, la vertu. Sans cela, il n'y a pas de bonheur possible.

Le mariage n'a pas pour objet unique la satisfaction de la passion, du caprice d'un moment

C'est un acte duquel dépend le bonheur ou le malheur de la vie entière.

— Les époux parcourent une route ardue; l'union les soutient, la discorde les fait tomber.

— Amants, on s'adorait; époux, on se déplaît, lorsque le mérite et la vertu n'ont pas été de la noce.

— Quand le premier mois de mariage n'est que la lune de miel, le second est la lune d'absinthe (*Sentence persane*).

— Des amis, des amants, des époux se rabaissent en se plaignant l'un de l'autre.

— Les chagrins que l'on se donne l'un à l'autre, dans le mariage, retombent toujours sur celui qui les cause. J.-J. ROUSSEAU.

CHAPITRE V.

Des pères et des mères.

— *D. Quelle est l'influence des pères et des mères dans la société?*

R. Les pères et les mères sont la base fondamentale, la pierre angulaire sur laquelle repose l'édifice social et l'avenir de l'humanité. La famille est la source d'où découle le bien ou le mal, le principe de toutes les vertus ou de tous les vices; c'est l'école préparatoire des jeunes citoyens, espoir des générations futures.

Si la jeunesse sort de la famille, imbue des principes d'une religion sincère, d'une saine morale, elle suivra le droit chemin de la vertu, remplira scrupuleusement tous ses devoirs, et contribuera ainsi au bien-être général et à la marche du progrès. Dans le cas contraire, elle sèmera le désordre et la confusion dans la société. Les lois répressives sont impuissantes, quand il s'agit d'arrêter un mal qui provient d'une mauvaise direction.

— *D. Le titre de père et de mère impose donc de graves obligations envers la société?*

R. La mission des parents est sublime, mais leurs obligations sont au niveau de leur mission. Ils tiennent entre leurs mains le sort de l'humanité, car, le bonheur ou le malheur des peuples dépend de l'accomplissement ou de l'oubli de leurs devoirs.

D'où viennent les désordres et le débordement de la jeunesse de nos jours ? Quelle est la source des troubles, des révolutions et de tous les crimes qui troublent l'ordre social, si ce n'est des faux principes qu'elle a reçus, de la mauvaise éducation qu'on lui a donnée ? Les parents sont donc responsables de tous les maux qui affligent l'humanité.

— *D. Quelles sont les obligations des parents envers leurs enfants ?*

R. Appeler à l'existence un être humain, c'est prendre à sa charge tous les soins que réclame cette existence, c'est s'imposer l'obligation de veiller sur sa conservation, de fournir tout ce qui est nécessaire à son développement, à son entretien, de cultiver ses facultés, de la mettre en état de supporter toutes les épreuves et de remplir tous les devoirs de la vie. Voilà ce que les parents doivent à leurs enfants pour la vie matérielle, mais, au pain du corps, il faut joindre celui de l'âme et de l'intelligence ; à l'éducation physique, il faut ajouter l'éducation morale et l'instruction.

— *D. A qui incombe l'obligation de pourvoir aux premiers besoins de l'enfance?*

R. La nature, en déposant dans le sein de la mère le précieux nectar qui forme le premier aliment de l'enfance, et dans son cœur un trésor inépuisable de patience, de dévouement et de tendresse, lui indique son devoir.

— *D. La mère est-elle obligée d'allaiter son enfant?*

R. Une bonne mère doit donner le sein à son enfant, hors des cas d'impossibilité absolue; car il y a toujours du danger à le confier à des mains étrangères, dans lesquelles il ne peut trouver ni la tendre sollicitude, ni les soins assidus, ni la surveillance dont il a besoin.

— *D. Quel doit être le premier précepteur de l'enfant?*

R. D'après ce que nous venons de dire, la première éducation appartient à la mère; car, l'enfant qui est encore à la mamelle, est déjà susceptible de recevoir des impressions qui auront de l'influence sur toute sa vie.

— ***D. Quel est le rôle de la mère durant la période qui précède l'éclosion des facultés intellectuelles de l'enfant?***

R. Son rôle est presque mécanique, en apparence; cependant, elle peut, même dès ce moment, préparer le terrain qu'elle aura bientôt à cultiver; le disposer à recevoir la semence qu'elle doit, un peu plus tard, lui confier.

Quoique les facultés de l'enfant paraissent encore endormies, son cœur a une intuition qui précède l'intelligence et le jugement, et qui grave dans son âme l'empreinte et le souvenir des objets qui l'entourent. L'enfant est un objectif d'une exquise sensibilité, disposé à recevoir et à conserver les plus légères impressions. Le sourire de sa mère provoque son sourire, son air triste ou sévère lui fait verser des larmes; aussi doit-elle éloigner de lui tout ce qui peut produire des sensations pénibles, tristes ou désagréables. Tel qu'une plante délicate, l'enfant est soumis à l'action de tous les éléments qui l'entourent : l'air, l'atmosphère, le climat, les aliments même, peuvent avoir sur lui une influence heureuse ou fatale.

Un enfant qui a passé les premières années de sa vie dans une contrée saine et agréable, conserve ordinairement quelque chose de la sérénité du paysage; celui qui a été bercé par des airs doux et mélodieux, doit être doué d'un caractère doux, aimable, et d'un cœur sensible. Celui qui a été habitué aux aliments aigres ou acides, conserve toujours, dans son caractère, un peu de leur amertume. On peut donc dire que tous les éléments ont leur langage comme les fleurs,

— D. Quelle est le second degré de l'éducation de l'enfonce ?

R. Quand les premières facultés commencent à se développer, le père doit intervenir, et se joindre à la mère, pour commencer l'éducation morale. Les premières leçons se borneront à graver dans le cœur de l'enfant l'idée de Dieu et l'amour de ses parents. Petit à petit, ils lui enseigneront à être sensible et compatissant pour les maux des autres; un peu plus tard, à déposer dans la main de l'indigence l'aumône qu'on lui confiera à cet effet. Ces leçons resteront gravées dans son cœur, et produiront, à coup sûr, leur effet.

— *D. Quelles sont les idées morales que l'on doit inculquer dans le cœur des enfants, dans la période qui suit?*

R. On doit d'abord leur inspirer l'amour du travail, qui est la base de la vertu, de l'aisance, du bonheur; graver dans leur cœur des sentiments d'honneur, d'humanité, de bienfaisance, leur faire bien comprendre que le travail est une condition essentielle de la vie; que l'homme ne doit jamais se laisser abattre par l'adversité, ni craindre la douleur; qu'il doit braver le danger, la mort même, quand il s'agit d'accomplir un devoir ou pratiquer un acte de vertu, qui peut être utile à la patrie ou à l'humanité.

— *D. Quels sont les sentiments qu'une mère doit inspirer à sa fille?*

R. Elle doit graver dans son cœur des sentiments de pudeur, de simplicité, de modestie, de bienfaisance, d'ordre et d'économie, et même de courage, car son sexe aussi a à lutter contre les évènements de la vie, et à sentir l'aiguillon de la douleur.

— *D. Qu'est-ce qu'une mère doit enseigner à sa fille?*

R. Tout en lui inculquant les premiers éléments de l'instruction, elle doit l'habituer à fuir l'oisiveté, lui créer une occupation en rapport avec son âge, petit à petit, lui confier quelques uns des soins du ménage; plus tard, la charger de régler les dépenses de la famille, de tenir la comptabilité domestique. Enfin, elle doit exiger une tenue décente, soignée même, sans tomber dans les travers de la coquetterie.

— *D. Le caractère de l'enfant peut-il être modifié par l'éducation?*

R. Oui, et l'on ne doit pas douter que ceux qui sont doués d'un heureux caractère, ne doivent un si précieux avantage à la bonne éducation qui a présidé à leur développement.

— *D. On doit donc attacher beaucoup d'importance à la première éducation de l'enfance?*

R. Comme la valeur morale de l'individu dépend toujours des principes qu'il a puisés dans la famille et des exemples qu'il en a reçus, les parents doivent attacher une grande importance à l'accomplissement de cette partie de leurs devoirs, non seulement pour le bien de la société, mais dans leur propre intérêt; car leurs enfants, ce sont eux-mêmes, revenus aux jours de la jeunesse, et mis en possession de l'avenir.

— *D. Comment peut-on corriger les vices ou les défauts des enfants?*

R. Un habile jardinier se garde bien d'employer des mouvements brusques, pour redresser un arbrisseau; il le traite avec délicatesse, et lui donne, petit-à-petit une bonne direction, en l'appuyant avec douceur sur un tuteur qui le soutient, sans le meurtrir, ni nuire à sa croissance. Un bon père, comme ce jardinier, doit redresser son enfant avec douceur et modération, lui donner pour tuteur ses bons exemples, le nourrir de ses conseils; mais éviter d'avoir recours à des moyens violents. Trop de sévérité abrutit sans corriger. Il faut lui inspirer les bons sentiments, et non les lui imposer; car la douceur persuade et la dureté aigrit. Châtier un enfant dans un moment de colère, ce n'est pas de la correction, c'est vengeance. Quand un enfant a commis une faute, son père doit manifester un sentiment d'affliction plutôt que de colère; il doit le reprendre avec gravité, et le laisser quelque temps sous l'impression du reproche, et se garder bien de rire et jouer avec lui un instant après.

— *D. Doit-on laisser les enfants jouer, quand ils ne courent aucun danger?*

R. Non seulement on doit les laisser jouer, mais il est quelquefois bon de prendre part à leurs jeux. Le mouvement est nécessaire au jeune âge: exiger d'eux trop de calme, ce serait altérer leur santé, et nuire au développement de leurs facultés intellectuelles.

— *D. A quelle époque doit-on commencer l'éducation de l'enfant?*

R. Il n'y a pas de règle fixe : la mère, qui suit jour par jour le développement de son intelligence, doit saisir l'instant propice, pour jeter dans son cœur la première semence et donner sa première leçon ; mais ne pas laisser échapper la moindre occasion ; car l'enfant est une statue de terre qu'il faut achever au sortir du moule : chaque jour elle durcit.

— *D. Les parents ont-ils un plan à suivre dans leur enseignement?*

R. L'enseignement paternel ne consiste pas en une série régulière de préceptes arides et supérieurs à l'intelligence de l'enfant. La nature entière est un programme qui le dirigera. Il n'y a pas un objet, pas un évènement qui n'appelle l'attention, qui n'excite la curiosité de l'enfant. Par ses questions, il trace lui-même l'ordre des leçons. Le père n'a qu'à répondre avec justesse, franchise et raison aux *pourquoi* multipliés de son fils, et il fera un homme, que l'instruction viendra ensuite compléter.

— *D. Quelle est la méthode qui offre les meilleurs résultats dans l'éducation de l'enfance?*

R. La meilleure méthode que l'on puisse employer, c'est d'appuyer ses leçons sur l'exemple ; car la route de précepte est longue, et celle de l'exemple est courte et efficace : l'exemple donne de l'émulation ; les lois n'inspirent que la crainte.

— *D. Les parents peuvent-ils éprouver plus d'amour pour un de leurs enfants, que pour les autres?*

R. La prédilection des parents, pour un de leurs enfants fait le malheur de tous. Ils ont tous un égal droit à leur tendresse. La gentillesse, l'espièglerie, l'amabilité et les autres qualités naturelles de l'un ne doivent pas nuire à ceux qui n'ont pas reçu ces dons de la nature, car ils ne peuvent pas en être responsables. Ils doivent surtout se garder de manifester la moindre préférence, de faire la moindre injustice. La préférence que l'on donne à l'un, blesse l'amour-propre des autres, altère leur caractère et l'amour qu'ils doivent avoir pour leurs parents ; elle leur inspire de la jalousie et de la haine pour celui qui est l'objet de la préférence; elle rompt ainsi les liens d'amitié, et détruit l'harmonie qui devrait régner dans la famille, enfin; elle laisse dans leur cœur un ferment de rancune dont les parents auront, tôt ou tard, à supporter les conséquences; car, qu'on n'en doute pas, l'enfant, dès l'âge le plus tendre, sait distinguer la place qu'il occupe dans le cœur de ses parents.

— *D. Quel est le devoir des parents, quand leurs enfants sont arrivés à l'âge où ils doivent s'occuper du choix d'un état?*

R. Le choix d'un état est la décision la plus importante de la vie : cette circonstance prescrit une grande prudence. Les parents doivent se borner à donner des conseils, à faire les observations que leur dicte l'expérience ; mais si leurs enfants persistent, ils doivent leur laisser le libre arbitre; car, dès qu'un enfant à un penchant ou une répugnance bien marquée, c'est la voix du destin : il faut lui obéir. Le malheur est que les parents consultent leur propre goût, leur convenance particulière, plutôt que l'inclination, le génie, la capacité de leurs enfants. De là vient qu'il y a tant de déclassés dans la société et tant de médiocrités dans toutes les carrières.

— La bonne éducation de la jeunesse est le garant le plus sûr du bonheur d'un Etat. Oxenstiern.

— Parents, vous deviendrez enfants, et vos enfants des hommes; songez à la loi du talion.

— Ménagez les larmes de vos enfants, afin qu'ils puissent en répandre sur votre tombe. Pythagore.

— L'exemple est plus éloquent que tous les sermons. Stobée.

— Respectez les vieillards, surtout en présence des enfants, ils vous verront vieux.

— Voulez-vous que vos enfants se haïssent, caressez l'un plus que l'autre, le secret est infaillible. Voltaire.

— Rien n'est moins raisonnable, que de vouloir que les enfants le soient. Mme de Maintenon.

CHAPITRE VI.

Devoirs des enfants.

— D. *Les enfants n'ont-ils pas des devoirs à remplir envers leurs parents?*

R. Si le devoir signifie être redevable, avoir une dette à acquitter, on peut juger de l'importance des obligations de l'enfant.

Il n'y a point de dette plus légitime, plus grande, plus sacrée que celle que l'enfant a contractée envers ses parents. D'abord, envers sa mère, qui lui a donné le jour au péril de sa vie; qui n'a pas cessé, depuis qu'il est au monde, de l'entourer des soins les plus tendres, de lui prodiguer les plus douces caresses; qui a sacrifié ses plaisirs et son repos, pour veiller pendant son sommeil, pour le soigner quand il était malade; qui s'est imposé mille privations, pour lui procurer toutes les douceurs possibles. Ensuite, envers son père qui lui a sacrifié son temps, ses forces, son argent et ses plaisirs; qui s'est soumis aux plus rudes travaux, afin de pourvoir à son existence, à son éducation à son bien-être

— *D. Comment un fils peut-il acquitler une pareille dette?*

R. Un enfant n'a affaire ni à des usuriers, ni à des créanciers impitoyables. Un père et une mère ne spéculent pas sur leurs peines et leurs sacrifices. Leur vie est une vie de dévouement, de tendresse et d'abnégation, c'est un sacrifice perpétuel, mais entièrement désintéressé. Ce qu'ils veulent, c'est le bonheur de leur enfant, ce qu'ils désirent, en échange, c'est son amour.

— *D. L'amour filial exempte-t-il un enfant de toute autre obligation?*

R. A l'amour, l'enfant doit joindre la reconnaissance le respect et l'obéissance; mais ces trois derniers devoirs découlent naturellement du premier: on est facilement respectueux, reconnaissant et soumis envers ceux que l'on aime.

— *D. Pourquoi l'enfant doit-il le respect a ses parents?*

R. Parce que, après Dieu, il leur doit tout ce qu'il a et tout ce qu'il est.

— *D. Pourquoi doit-il être reconnaissant?*

R. Parce que les soins, la sollicitude, l'amour et la tendresse des parents ne peuvent être payés que par une reconnaissance sans bornes.

— *D. Comment se manifeste la reconnaissance?*

R. On ne peut apprécier la suavité des parfums que l'on conserve toujours dans des vases hermétiquement fermés; de même, la reconnaissance, qui se borne à un simple sentiment du cœur, n'est qu'une vertu passive et presque sans mérite. Pour qu'elle soit active et méritoire, elle doit se manifester dans tous les actes de la vie.

La reconnaissance se traduit, chez l'enfant, par les soins, les attentions et les prévenances qu'il prodigue à ses parents; par la patience et la douceur avec lesquelles il supporte leurs infirmités et leurs faiblesses; par la tendresse dont il les entoure, surtout quand ils sont accablés par l'âge et par les infirmités; enfin, par les sacrifices qu'il fait, pour leur rendre une partie des bienfaits qu'il en a reçus, dans son jeune âge.

— *D. Pourquoi les enfants doivent-ils obéir à leurs parents?*

R. L'amour, le respect et la reconnaissance suffiraient pour rendre l'obéissance obligatoire; mais il y a de plus un motif d'intérêt personnel. Comment les parents pourraient-ils élever leurs enfants, les instruire, les guider, si leurs ordres étaient méprisés, leurs conseils impuissants et leur autorité méconnue?

En entrant dans la vie, sans guide, sans expérience, comment l'enfant pourra-t-il connaître et éviter les dangers dont sa route est semée, s'il n'a pas les conseils d'un sage Mentor! Et, qui pourrait mieux le guider qu'un père et une mère, qui n'aspirent qu'au bonheur de leur enfant! Il doit donc se confier tout entier à leur tendresse, à leur raison et à leur prévoyance.

Voilà pourquoi notre Code soumet les enfants à

la tutelle de leurs parents, jusqu'à l'âge de vingt-et-un ans. Mais, quoique le père n'ait plus le droit de commander au fils, qui est arrivé à cet âge, ce dernier n'est pas, pour cela, entièrement affranchi du joug paternel ; il ne peut rompre le lien d'amour et de reconnaissance qui doit exister jusqu'à la mort, par le souvenir de ce qu'il lui doit.

— *D. Comment un enfant doit-il regarder ses parents ?*

R. Comme deux anges que Dieu lui a donnés, pour le guider, le soutenir dans la route de la vie, lui montrer le chemin du devoir et de la vertu et le conduire au bonheur. Il doit écouter et suivre leurs conseils, recevoir leurs observations et même leurs reproches comme les preuves les plus sincères de leur amour.

— *D. Qu'entend-on par obéissance filiale ?*

R. C'est une soumission volontaire, spontanée, absolue aux ordres de ses parents. Raisonner sur la convenance ou l'opportunité de leurs conseils, de leurs ordres ou de leurs reproches, ce n'est pas obéir : c'est se gouverner d'après sa propre raison. L'enfant doit obéir aveuglément, parce que c'est son père ou sa mère qui commande.

— *D. Un père ou une mère peut-il donner des ordres, dans l'intention de nuire à son enfant ?*

R. Celui qui, depuis notre plus tendre enfance, n'a cessé de nous entourer de la plus tendre sollicitude, qui nous a donné tant des preuves de son amour ; qui ne vit que par nous et pour nous ; qu ne balancerait pas à se jeter dans les flammes, pour nous en retirer; celui-là, disons-nous, serait-il capable de nous diriger dans la voie de l'erreur? Une telle supposition serait un blasphème qui ne peut entrer dans un cœur bien né.

— *D. N'y a-t-il pas, cependant, des enfants qui croient que leurs parents, en contrariant leurs goûts, leurs caprices, sont les ennemis de leurs plaisirs, de leurs joies et de leur bonheur?*

R. Hélas! Telle est, peut-être, l'idée que quelques-uns se forment des sages avertissements, que le plus pur amour inspire à leurs parents; mais une triste expérience vient, tôt ou tard, les désabuser et leur faire payer leur funeste erreur du malheur d'une vie entière.

— *D. Un enfant qui vient au secours de ses parents, qui assure leur existence, quand ils ne peuvent plus la gagner, accomplit-il les devoirs que prescrit la piété filiale?*

R. Il accomplit sans doute un devoir; mais une bonne œuvre n'a de mérite que par le motif qui l'inspire et par la forme dont elle est revêtue.

Nous avons dit que l'aumône donnée de mauvaise grâce équivaut à une injure: il en est de même des secours qu'un enfant donne à ses parents. Un père et une mère n'ont pas tant besoin du pain quotidien que de preuves de sympathie, de marques d'intérêt, d'attentions et de douces paroles. Les aliments les plus simples, le logement le lus modeste leur suffisent, pourvu qu'ils trouvent dans leur enfant, de bons procédés et des sentiments tendres et affectueux.

Accompagner les secours que l'on donne, de paroles dures, d'un air mécontent, de l'aigreur d'un caractère sec et maussade ou d'un silence morne et dédaigneux, c'est faire payer bien cher le pain que l'on mange; c'est perdre tout le mérite du sacrifice que l'on fait. Ce n'est pas ainsi que l'on paye les dettes du cœur! ce n'est pas ainsi que l'on embellit la vieillesse de ceux qui nous ont donné leur jeunesse! Les derniers jours de la vie sont bien assez froids par eux-mêmes! pourquoi les entourer encore des glaces de l'indifférence?

— *D. Quelle est le sort de l'enfant qui viole les règles de la piété filiale?*

R. Celui qui sème l'iniquité ne peut pas espérer de récolter les bénédictions. Le mauvais fils ne peut être ni bon frère, ni bon époux, ni bon père, ni par conséquent bon citoyen. Il sera le rebut, la honte de la société. Il subira dès cette vie même une punition proportionnée à la gravité de ses fautes. Outre le châtiment moral que lui infligeront la société et sa propre conscience, il y a une loi à laquelle il n'échappera pas, et dont ses propres enfants seront les exécuteurs : c'est la loi du talion.

— *D. Les enfants ne doivent-ils de la reconnaissance qu'à leurs parents?*

R. Ils doivent encore être reconnaissants envers leurs maîtres, qui les instruisent et leur font connaître leurs devoirs ; envers ceux qui les aident à se créer un avenir ; enfin envers tous ceux qui, d'une manière quelconque, contribuent à leur bien-être.

— *D. Quelles sont les qualités qui doivent briller dans l'enfance ?*

R. La politesse, la douceur, la modestie et la bienfaisance sont le plus bel ornement de la jeunesse. Ces qualités lui acquièrent l'estime, la confiance et la sympathie de tout le monde, et sont le présage d'une heureuse existence.

— *D. Les enfants n'ont-ils pas des devoirs à remplir entre eux ?*

R. Si, en essayant de faire connaître les devoirs de l'homme, dans les principales circonstances de la vie, nous n'avons encore rien dit des obligations des enfants, dans les relations qui existent entre eux, au sein de la famille, c'est, sans doute, parce que l'amour fraternel ne nous a pas paru avoir plus besoin de préceptes que l'amour de soi-même. Un frère n'est-il pas en effet un autre nous-même ? Le même sang ne circule-t-il pas dans ses veines ? N'a-t-il pas été nourri dans le même sein ? N'a-t-il pas habité la même maison, dormi dans le même berceau, pris part aux mêmes jeux ? Comment une union cimentée par des rapports si intimes, pourrait-elle être rompue par les événements de la vie, alors qu'elle est le plus nécessaire ? Comment pourrions-nous ne pas aimer un frère, ne pas prendre part à ses tristesses comme à ses joies, ne pas lui tendre la main s'il est dans le besoin, ne pas le défendre, s'il est attaqué ?

Nous n'entrerons pas ici dans l'énumération de tous les maux que, de tout temps, a produit la désunion des frères. Qu'il nous suffise de dire que l'amour paternel et l'amour filial doivent nécessairement être accompagnés de l'amour fraternel, sans quoi la félicité de la famille ne peut être complète.

— C'est être un monstre que de ne pas aimer ceux qui ont cultivé notre âme. VOLTAIRE.

— Consultez souvent ceux qui ont fait le voyage de la vie, car on ne peut avoir l'expérience qu'au retour.

— Il n'y a pas un pli sur le front des pères, qui ne soit un sujet de reconnaissance ou de remords pour les enfants.

— La morsure d'un serpent est moins cruelle que l'ingratitude d'un fils. SENTENCE ANGLAISE.

— La piété filiale et la bienfaisance sont la plus suave les vertus. BEAUCHÊNE.

— Les frères sont des amis que la nature nous donne.

CHAPITRE VII

Des maîtres et des domestiques.

— *D. La dénomination de maître et de domestique n'apporte-t-elle pas à notre esprit une idée odieuse, une pensée de propriété, d'autorité et de servitude? Appliquée aux rapports qui existent entre les hommes, ne laisse-t-elle pas entendre que les uns ont été créés et mis au monde pour commander, et les autres pour baisser humblement la tête et obéir?*

R. Ce qui paraît une anomalie et une injustice, au premier coup d'œil, devient sagesse et harmonie aux yeux de la raison et de la logique. L'inégalité des conditions, qui choque d'abord, est rigoureusement indispensable. Vouloir un nivellement complet, c'est tomber dans une funeste utopie, qui doit inévitablement produire le désordre et la désorganisation de la société.

Les riches et les pauvres, les grands et les petits sont également indispensables; ils ne peuvent exister les uns sans les autres, la force et la faiblesse, le capital et le travail, l'intelligence qui conçoit et le bras qui exécute, s'unissant, et travaillant d'un commun accord, établissent et consolident l'équilibre social, et sont le véhicule du progrès et de la prospérité des peuples.

— *D. Quel est le concours que le petit et l'indigent peuvent apporter à la marche du progrès social?*

R. Un bien grand. Que deviendrait l'agriculture, s'il n'y avait pas de laboureurs? Que deviendraient le commerce, l''ndustrie et les arts, si personne ne voulait se dédier à ces branches, qui forment la principale base de la richesse publique, qui servent de trait d'union entre toutes les classes de la société, et en forment une seule famille dont tous les membres, se prêtant un mutuel appui, contribuent à la prospérité générale.

— *D. Dans ce cas, ne peut-on pas dire que les riches, qui ne veulent se dédier à aucune de ces carrières, sont des membres inutiles?*

R. Non: Les riches remplissent aussi leur rôle dans ce mouvement général. Ce sont eux qui procurent les éléments nécessaires à toutes les branches de l'industrie humaine; ils sont comme la source où le pauvre, le travailleur, viennent puiser les premières matières indispensables à son industrie, et sans lesquelles son bras serait paralysé.

Lors même que l'ouvrier pourrait produire, sans le secours du capital, quel bénéfice retirerait-il de son travail, s'il ne trouvait personne qui voulût ou pût le lui rétribuer? Que d'artisans, que d'artistes inutiles, s'il n'y avait pas des riches qui puissent leur offrir une légitime rémunération de leurs chefs-d'œuvre? De quoi servirait au laboureur d'avoir ses greniers combles, si personne ne pouvait acheter son grain. Ainsi du reste.

Concluons donc, que tout va pour le mieux, en vertu d'une loi que nous ne pouvons connaître, et qui a cependant sa raison d'être ; et cessons de murmurer contre l'organisation d'un mécanisme, dont nous n'avons pas le secret. Contentons-nous de le faire fonctionner par une action commune.

Nous pouvons dire qu'il n'y a ni maîtres ni serviteurs : il n'y a qu'une dépendance mutuelle, ou plutôt, que nous sommes tous serviteurs, puisque nous nous rendons réciproquement des services, et que nous ne pouvons nous passer les uns des autres. Les riches, les pauvres, sont esclaves de leurs besoins, et, pour les satisfaire, il sont obligés d'avoir mutuellement recours les uns aux autres.

De cette communauté d'intérêts devrait nécessairement découler le bien-être des deux classes. Leur sort est tellement lié, que l'une ne peut être heureuse qu'autant qu'elle contribuera à la félicité de l'autre.

— *D. Quelle déduction pouvons-nous tirer de ces principes?*

R. Que les maîtres et les serviteurs doivent se considérer comme des amis. Tout antagonisme entre eux doit disparaître; ils doivent, les uns et les autres, associer tous leurs moyens et toutes leurs facultés, et travailler par un effort commun, à la félicité générale. Ils sont solidairement responsables du sort de la communauté. De là découlent nécessairement des devoirs respectifs entre les maîtres et les serviteurs.

— *D. De quels sentiments les maîtres doivent-ils être animés envers leurs domestiques?*

R. De sentiments de commisération, d'humanité et de douceur. Ils ne doivent pas oublier que, quelque grande que soit la différence qui existe entre eux, par la fortune, comme hommes, ils sont égaux.

— *D. Comment un bon maître doit-il traiter son domestique?*

R. Comme un frère qui, n'ayant pas eu la même part que lui à l'héritage du père commun, se voit dans l'obligation de vendre sa liberté, son temps et son travail, de faire abnégation de ses goûts, de ses inclinations, de sa volonté, pour servir un frère plus favorisé par la fortune.

Le maître doit avoir pour lui des attentions et des égards, le traiter avec bienveillance et affabilité; rester à égale distance, entre une excessive sévérité et une trop grande familiarité, car la première produit l'aigreur, l'amertume, la seconde engendre le mépris. Du terme moyen naît le respect, la soumission et le bon service.

— *D. Les maîtres doivent-ils s'étonner de trouver dans leurs domestiques des défauts, des imperfections?*

R. La perfection n'habite pas ce monde. Les

maîtres n'ont-ils pas leurs faiblesses, leurs défauts, leur caractère, leurs humeurs, qui ne sont pas à l'abri de tout reproche? Comment pourraient-ils exiger que leurs serviteurs fussent plus parfaits qu'eux-mêmes? Qu'ils commencent par se corriger; qu'ils prêchent par l'exemple ; ils le doivent.

— D. *Qu'arrive-t-il au maître, dur, tyrannique, qui a toujours un air hautain, sévère, qui n'a jamais une parole aimable, ne donne aucune marque d'affection ou d'intérêt, qui commande despotiquement, et exige un service rigoureux?*

R. Celui-là a dans sa maison, non des serviteurs fidèles et dévoués, mais des esclaves qui tremblant à son approche, ne travaillent qu'avec crainte, de mauvais cœur, et par conséquent mal. De tels serviteurs ne peuvent avoir aucune affection pour un pareil maître; ils ne cherchent point ses intérêts, et n'attendent qu'une occasion pour sortir de sa maison sur laquelle ils jettent le discrédit.

— D. *En payant le salaire convenu, le maître rémunère-t-il tous les services que lui a rendus un bon serviteur?*

R. Non : le salaire, quelque fort qu'il soit, n'est pas en proportion avec le service d'un domestique, qui s'est entièrement dévoué à son maître, d'un bout de l'année à l'autre.

— D. *Les maîtres ne doivent-ils pas s'occuper des intérêts matériels et moraux de leurs domestiques, et surveiller leur conduite?*

R. Les maîtres doivent considérer leurs serviteurs comme de nouveaux membres qu'ils ont admis dans leur famille. Il sont obligés, par un contrat tacite, de surveiller leur conduite, comme celle de leurs propres enfants; ils leur doivent l'appui de leurs conseils, de leurs exemples et de leur protection. Du reste, ils y sont personnellement intéressés, car, de la moralité de leurs domestiques dépendent souvent leur tranquillité, leur réputation, leur fortune, et, dans certains cas, leur vie.

— *D. Comment doivent se comporter les enfants envers les serviteurs de la maison paternelle?*

R. Ils doivent être polis, affables et bienveillants, les plaindre, adoucir leur sort par de bons procédés, et leur donner des marques de sympathie et d'intérêt.

— *D. Quelles sont les obligations générales des domestiques?*

R. Un bon serviteur doit : 1° aimer et respecter son maître; 2° être patient, laborieux, docile à ses ordres et dévoué à ses intérêts; 3° être sévère dans l'accomplissement de son devoir; 4° respecter et défendre sa propriété et son honneur comme ses intérêts.

— *D. Comment doit-il considérer ses maîtres?*

R. Comme des amis, des protecteurs, qui ont assez de confiance en lui, pour déposer en ses mains leurs intérêts et le soin de ce qu'ils ont de plus cher au monde, leur honneur et leurs enfants.

— *Quel sentiment doit lui inspirer cette preuve de confiance?*

R. Des sentiments de reconnaissance, de dévouement et d'affection; il doit tâcher de se rendre digne de toutes ces preuves d'estime, par une conduite irréprochable, et leur prouver sa gratitude par sa docilité, sa soumission et son zèle à défendre ses intérêts.

— *D. Comment doit se conduire un serviteur envers les enfants des maîtres?*

R. Il doit les entourer de respect, d'attentions, de soins et d'affection, mais ne jamais se permettre trop de familiarité. Il doit, surtout, se garder de tenir, en leur présence, des propos indécents, des conversations dangereuses, et ne jamais leur donner de mauvais conseils ou de mauvais exemples.

— *D. N'y a-t-il pas des serviteurs qui ont des devoirs à remplir, non-seulement envers leurs maîtres, mais encore envers le public?*

R. Ceux qui sont chargés d'introduire le public dans les maisons des grands, chez les autorités, les fonctionnaires de l'Etat, ont aussi leurs obligations spéciales. Ils ont le strict devoir de recevoir avec politesse, affabilité, ceux qui se présentent pour parler à leurs chefs, parce que, bien souvent, ils viennent réclamer une justice, implorer quelque grâce, chercher quelque consolation. Celui qui est dans l'affliction a assez de son malheur, sans qu'on y ajoute encore des mortifications par un mauvais accueil, et par des manières grossières, que les galons de la livrée ne sauraient justifier.

— *D. D'où proviennent le malaise qui règne ordinairement entre les maîtres et les domestiques, et les plaintes réciproques que l'on entend des deux côtés?*

R. Il est impossible de préciser la cause de ce mal. Il peut provenir également des deux côtés. Il y a deux proverbes opposés, qui sont également vrais; ils ne lèvent pas la difficulté, mais ils donnent le moyen d'y porter remède. Le premier dit : *Le bon maître fait le bon domestique.* Le second : *Le bon domestique fait le bon maître.* Que les maîtres traitent bien leurs domestiques, ils seront bien servis; que les domestiques servent bien leurs maitres, ils en seront bien traités.

— *D. Quelle est la récompense qui est réservée au bon domestique?*

R. L'estime, la confiance et la protection de ses maîtres; la réputation d'honnêteté que sa conduite a méritée et ce qui est encore bien plus précieux le bon témoignage de sa conscience.

— Inviter quand on peut contraindre, conduire quand on peut commander, c'est l'habilité suprême. MONTESQUIEU.

— Nos domestiques ne deviennent nos ennemis que parce que nous ne sommes pas leurs amis.

— A voir comme les grands traitent les autres hommes,

surtout leurs domestiques, il est à croire qu'il n'ont pas le cœur fait comme nous.

— Cet homme que vous appelez votre domestique, oubliez vous qu'il est formé des mêmes éléments que vous, qu'il jouit du même ciel, qu'il aspire le même air, qu'il vit et meurt comme vous? SÉNÈQUE.

— Si les maîtres et les valets devaient changer tour-à-tour de rôle, ils se comporteraient mieux les uns avec les autres. V. C.

CHAPITRE VIII.

De l'amitié.

— *D. Qu'est-ce que l'amitié?*

R. L'amitié est un mutuel accord, un parfait concours de deux cœurs, fondé sur une estime réciproque et sur la vertu, qui fait que nous aimons un homme pour lui-même.

— *D. Quelle est la différence qu'il y a entre la vraie amitié et la fausse?*

R. La fausse amitié est un concours apparent de deux cœurs, fondé sur l'intérêt propre et qui fait que l'on n'aime les autres que pour soi-même.

— *D. Pourquoi l'amitié doit-elle être fondée sur la vertu?*

R. Parce que le sentiment pur et délicat de l'amitié ne peut régner dans une atmosphère contaminée par le vice. Deux amis se reconnaissent à la bauté de leur âme, et cherchent à s'unir, à se confondre. Deux compagnons de débauche ne sont pas deux amis; ce sont deux complices : il ne peut y avoir entre eux que des liens d'un intérêt purement matériel, sans estime ni affection.

— *D. Quels conseils peut-on donner à la jeunesse sur l'amitié ?*

R. On doit lui recommander de se méfier des apparences; car elles sont souvent trompeuses. Il n'y a rien de plus commun que le nom d'ami, mais il n'y a rien de plus rare qu'un ami sincère. Nous avons dit en parlant de l'honneur, que notre langue avait abusé de ce terme; nous pouvons en dire autant de l'amitié. Il y a les amis de table, les amis de jeu, les amis de débauche: tout cela n'est que fausse monnaie. Ils sont vos amis tant que vous êtes heureux. Que votre félicité se voile, pour un moment, vous verrez cette nuée de prétendus amis se dissiper, telle qu'une volée d'oiseaux, désertant l'arbre que l'on a dépouillé de son fruit. Qui plus est, il suffit qu'un homme tombe dans le malheur, pour que ses amis le regardent avec dédain, et le fuient. Sa disgrâce sera pour lui un délit ; on lui jettera la pierre ; chacun aura un mot de blâme ; sa conduite irréprochable jusqu'àlors, deviendra suspecte ; peu à peu criminelle ; et ceux qui ont reçu le plus de preuves d'amitié, se croient déliés de tout devoir de reconnaissance parce qu'ils n'ont plus rien à espérer de lui.

— *D. Puisque l'amitié présente tant de dangers, ne devons-nous pas craindre toute relation intime avec nos semblables ?*

R. Parce qu'il y a de la fausse monnaie, devons-refuser toutes les pièces qu'on nous présentera ? Parce qu'il y a des aliments malfaisants, devons-nous mourir de faim, de crainte de nous empoisonner ? Non : nous devons soumettre à la pierre de touche les pièces qui nous paraissent douteuses, et analyser les aliments suspects.

Parce qu'il y a de fausses amitiés, est-ce dire à pour cela qu'il n'y en a pas de vraies ? Faudra-t-il condamner ces douces liaisons, ces tendres affections qui ont produit tant de prodiges de dévouement, d'abnégation et d'héroïsme ? qui ont adouci tant d'amertumes, calmé tant de douleurs, embelli tant d'existences ? Si l'on excepte l'amour paternel, il n'y a pas de sentiment plus fort, plus puissant, que celui de l'amitié.

L'amitié n'est pas une invention de nos jours : elle est aussi ancienne que le monde. Les poëtes de tous les âges l'ont célébrée. Peut-on lire sans attendrissement les épisodes de Nisus et Euryale, d'Oreste et Pylade, Damon et Pythias ? Mais sans aller chercher dans l'antiquité fabuleuse, nous trouvons dans l'histoire de tous les temps des milliers d'actes sublimes, inspirés par l'amitié, qui excitent notre admiration et honorent l'humanité.

Malheur à l'homme qui méconnaît ou profane l'amitié ! Il perd ce que la vie a de plus précieux. Il n'y a plus pour lui ni poésie ni félicité. L'adversité l'accable de tout son poids ; car, le bonheur que l'on ne peut communiquer perd tout son charme, et la douleur que le baume de l'amitié ne vient pas adoucir, acquiert une double intensité.

Concluons donc que l'amitié est une condition

essentielle de la vie, et qu'il n'y a pas de détresse absolue tant qu'il nous reste un véritable ami.

— *D. Quelles sont les conditions que doit réunir l'amitié ?*

R. Il y en a quatre principales :

1° Une liberté prudente, avec laquelle on reprend un ami qui commet une faute.

2° La douçeur d'une société pleine de franchise et de confiance, d'où naissent les conseils réciproques.

3° Une justice courageuse, qui nous fait prendre la défense d'un ami absent.

4° La disposition spontanée de servir d'appui et de consolation dans les circonstances difficiles de la vie.

— *D. Comment peut-on qualifier l'action de ceux qui abandonnent un ami dans l'adversité ?*

R. C'est un *vol*, une *déloyauté*, une *ingratitude.*

Vol, parce que c'est lui ôter un cœur qu'il avait acheté et payé.

Déloyauté, parce que c'est fausser le serment qu'on avait fait de ne jamais l'abandonner.

Et *ingratitude*, par ce que c'est payer, par un outrage, tout le bien qu'on a reçu, pendant la prospérité.

— *D. Comment peut-on conserver un ami ?*

R. En cultivant l'amitié ; c'est-à-dire en lui donnant des preuves d'attachement et de confiance, suivant le proverbe qui dit : *Il ne faut pas laisser pousser l'herbe dans le chemin de l'amitié.*

— *D. Comment peut-on éprouver les amis ?*

R. On peut les éprouver par les services qu'ils sont en état de rendre, suivant leur position ; mais on doit éviter, autant que possible, de s'adresser à leur bourse, à moins qu'on ne connaisse parfaitement le fond de leur cœur ; car, il y en a peu qui résistent à cette épreuve.

— *D. Que faut-il faire quand on a à se plaindre d'un ami ?*

R. On doit d'abord se méfier des apparences, des rapports envieux, et ne pas affaiblir trop légèrement un sentiment aussi sacré que celui de l'amitié.

Si l'on a acquis la certitude de la culpabilité de son ami, on peut encore le ramener de son égarement par de douces explications : mais si cela ne réussit pas, il faut s'en détacher peu à peu, et dénouer, plutôt que de rompre, les liens de l'amitié.

— Les âmes humaines veulent être accouplées, pour valoir tout leur prix. J. J.

— Un ami doit avoir trois qualités : l'unité, la bonté, la vérité.

— Dans le malheur, un ami est comme le corps flottant que l'homme, prêt à se noyer, saisit et ne quitte pas. d'ARCONVILLE.

— Le vice empoisonne les plaisirs, la passion les frelate, la modération les aiguise, l'innocence les épure, la bienfaisance les multiplie, et l'amitié les double.

— Des amis malheureux se raniment en se serrant dans leurs bras avec transport.

— On connaît les bonnes sources dans la sécheresse, les bons amis dans l'adversité.

CONCLUSION.

Nous avons essayé, jusqu'ici, de faire connaître l'origine et l'organisation de la société et le rôle que chacun de ses membres est appelé a y jouer. Nous avons donné une idée sommaire des vertus et des vices, et tracé les devoirs les plus élémentaires du citoyen, dans les principales situations de la vie.

Nous aurions dû, peut-être, commencer par faire connaître les obligations de ceux qui sont destinés à développer les premières facultés de l'enfance mais nous avons préféré montrer les vertus, dévoiler les vices, et indiquer ensuite le moyen d'établir le règne des unes, et d'opposer une digue aux autres ; car, pour désirer une chose, il faut en connaître les avantages, et pour combattre un ennemi, il est indispensable de savoir qu'il existe.

Nous allons donc, en terminant cet ouvrage, condenser, sous une autre forme, quelques-unes des obligation spéciales de ceux qui se destinent à l'éducation du premier âge, et nous permettre de leur donner quelques conseils, qui pourront les guider, dans leurs nobles et sublimes fonctions.

Il est impossible d'entrer dans un ouvrage élémentaire, dans tous les détails des devoirs du maître. Nous nous bornerons à quelques indications. Nous n'avons pas la prétention de leur proposer un plan, de leur tracer une méthode unique : nous ne ferons que leur soumettre nos idées, sans prétendre le moins du monde à l'infaillibilité.

L'enseignement du maître n'est pas une vaine parole, qui s'arrête à l'enfant qui l'écoute ; mais qui, se perpétuant de génération en génération, doit porter son fruit dans les siècles à venir. Le maître peut donc faire un bien immense ou un mal infini, suivant qu'il remplit ou méconnaît sa mission ; car, il tient entre ses mains la destinée des générations futures.

Celui qui se destine à l'éducation de l'enfance, doit donc se préparer par une sérieuse étude du cœur humain, puisque c'est le champ qu'il est appelé à cultiver. Il doit bien se pénétrer de l'importance et de la grandeur de sa mission, et de l'immense responsabilité qu'il assume envers l'humanité et envers Dieu. De l'importance de l'entreprise découle la gravité des devoirs, et, par conséquent, la nécessité d'une grande préparation.

Pour l'enseignement du premier âge, on pourrait se dispenser de diplômes et de titres académiques, le cœur et la conscience confèrent les grades nécessaires. L'éducation s'occupe du cœur; l'esprit est du ressort de l'instruction; celle-ci vient après celle-là.

L'enseignement de l'enfance, soit du premier, soit du second degré, requiert des hommes profondément moraux, qui soient animés d'un ardent désir d'être utiles à la famille, à la société, à la patrie et à l'humanité.

Il faut des hommes de beaucoup de tact, d'un dévouement et d'une abnégation sans limites, c'est-à-dire, d'une véritable vocation. Des hommes dont la vie soit la pratique rigoureuse des principes qu'ils doivent graver dans le cœur de l'enfance et de la jeunesse ; qui enseignent par l'exemple, plus encore qui par les préceptes ; car, si leur vie est en opposition avec leurs principes, elle détruira le fruit de leurs leçons.

En entrant dans sa classe, le maître doit étudier le caractère de chacun de ses élèves, pour pouvoir les diriger avec fruit ; discerner leurs dispositions naturelles, afin de pouvoir les cultiver ; savoir lire au fond de leur cœur, pour y entretenir ce qu'il y a de bon, combattre les mauvaises tendances et extirper les principes dangereux.

Il doit savoir graduer son enseignement, à mesure que les facultés de l'enfant se développent ; se mettre à son niveau, c'est-à-dire, ne pas exiger de lui ce qui n'est pas de son âge, comme la raison, et une application trop soutenue.

Il doit avoir une mesure pour chaque âge et pour chaque capacité. Un travail qui ne serait pas en rapport avec les facultés de l'enfant, pourrait produire de funestes effets, tant pour la santé que pour le développement intellectuel. Une jeune plante que l'on fatigue trop par des procédés artificiels, pour en activer la production, s'épuise vite, s'étiole et dépérit; tandis qu'une culture prudente, qui n'a recours qu'à des moyens judicieux et sages, en prolonge l'existence, et par conséquent, assure des fruits pour l'avenir.

On doit inspirer à l'enfant le goût de l'étude et non la lui imposer; procéder par attraction et jamais par violence. Rendez l'école aimable, l'enfant y viendra avec plaisir. Le travail forcé coûte toujours, et répugne; tandis que celui que l'on aime est plutôt un amusement qu'un travail.

Ainsi, le maître peut convertir en récréation sa classe, au lieu d'en faire une corvée. Les parents, eux-mêmes, doivent montrer à leurs enfants l'école, comme une récompense, et non comme une obligation rigoureuse.

Le maître doit encore avoir une complète égalité de caractère, une exquise rectitude de jugement, et être un rigoureux observateur des règles de la justice. Il doit allier la fermeté avec l'indulgence; mais surtout, bien se garder d'infliger des châtiments dans un mouvement de vivacité; car, dans ces moments, on est exposé à dépasser les limites de la justice. La plus efficace des punitions, est la privation de récompense.

Le maître ne doit pas avoir la moindre préférence, faire la plus petite injustice. L'injustice, comme nous l'avons déjà dit, révolte et décourage l'enfant. La préférence que l'on donne à un autre, lui inspire du dégoût pour l'école, peu de respect pour le maître, et de la haine pour son camarade auquel il porte envie.

Le maître doit, de plus, avoir la science communicative, sans laquelle le plus grand savant ne serait pas capable de faire un bon élève.

Enfin, le maître doit prendre garde d'altérer la poésie du jeune âge. L'enfant a une vie à part; il ne voit le monde qu'à travers un prisme qui étale à ses yeux les plus belles couleurs. Son âme, encore pure, ne connaît ni les ruses, ni la fourberie, ni la mauvaise foi du monde où il entre. Il faudra bien, sans doute, les lui montrer, pour qu'il puisse s'en méfier; mais laissons-le le plus longtemps possible dans cette douce ignorance! trop tôt, hélas! le rideau de la hideuse réalité tombera sur le riant horizon qui se déroule devant ses yeux! Que ne pouvons-nous prolonger cette vie d'illusions, qui nous fait trouver le bonheur dans l'erreur!

Qui ne connaît pas l'Eve de Milton? Comme elle, l'enfant, en s'éveillant pour la première fois à la vie, s'étonne de tout ce qu'il voit; il s'étonne de lui-même; il écoute le bruit d'une source; il croit voir dans l'onde un être semblable à lui; il ne sait rien, il n'a rien approfondi, il ne connaît des objets que les impressions qu'il en reçoit. Partout son regard est ébloui, et son âme est dans l'enchantement.

Telle est la poésie du jeune âge; elle n'approfondit ni les effets ni les excuses; elle est vivement frappée des objets qui l'entourent; elle ne voit que ce que l'imagination lui fait voir. Le monde est pour elle une féerie continuelle ; l'illusion embellit et anime tout à ses yeux; lorsqu'elle entend les échos d'une forêt, elle croit entendre la forêt elle-même ; lorsqu'elle raconte ses chagrins au désert, le désert a une âme pour s'attendrir et une voix pour lui répondre. Son ignorance fait son charme, et ses erreurs sont le plus doux de ses attraits.

Mais du moment où l'enfant sort de cet âge d'ignorance, où la boue du vice vient souiller sa belle robe d'innocence et étonner sa candeur, la poésie disparaît; elle perd ses vives images, ses tableaux ravissants, parce qu'elle n'a plus ses illusions. Il ressemble encore à Eve; mais à Eve après sa chute; à Eve qui a touché à l'arbre de la science, et qui a perdu sa beauté, en perdant son innocence et sa candeur.

Le maître doit donc prolonger, le plus longtemps possible, cet âge heureux, et cacher à l'enfant le tableau désolant de l'humanité, dans la crainte qu'une telle vue ne détruise sa félicité. L'innocence est une fleur que le moindre souffle peut flétrir. On doit lui montrer le chemin de la vertu, sans lui laisser voir le vice. Un voyageur doit suivre son chemin, et bien se garder de plonger son regard dans le précipice qui s'ouvre à ses pieds; car un vertige peut l'y attirer.

FIN.

TABLE DES MATIÈRES.

PREMIÈRE PARTIE.

DEUXIÈME PARTIE.

TROISIÈME PARTIE

QUATRIÈME PARTIE.

POST-FACE.

Comme nous l'avons annoncé, dans notre introduction, nous avons écrit principalement pour la jeunesse. Notre ouvrage n'est donc pas à la portée des enfants au-dessous de douze ans. Pour remplir cette lacune, nous recommanderons aux pères et aux mères LE PETIT LIVRE DE MORALE EN PRÉCEPTES ET EN EXEMPLES, écrit par M. L. A. Bourguin et édité par M. J. Elie Gauguet, 36, rue de Seine.

Ce petit ouvrage est écrit tout spécialement pour le premier âge. Il se recommande tant par la simplicité et l'élégance du style et par l'aménité du langage, que par la pureté et l'élévation de ses principes.

L'heureux choix des anecdotes et des historiettes, dont il est rempli, est un des principaux mérites du livre, car elles instruisent en amusant, et gravent dans le cœur de l'enfant les principes de morale dont les préceptes sont trop arides et au-dessus de son intelligence.

Ce petit livre doit donc trouver une place dans toutes les bibliothèques domestiques et entre les mains de tous les enfants. Ceux qui auront lu et compris les principes qui y sont développés, seront aptes à comprendre les préceptes énoncés dans le *Code des devoirs sociaux*, qui en est la continuation.

Paris, typ. de M. Décembre, 326, rue de Vaugirard, Paris.

www.ingramcontent.com/pod-product-compliance
Ingram Content Group UK Ltd.
Pitfield, Milton Keynes, MK11 3LW, UK
UKHW012013240726
13965UKWH00002B/348

9 782013 537179